Jean XXIII

GRANDES FIGURES
Grandes signatures

THOMAS CAHILL

Jean XXIII

*Traduction
de Dominique Bouchard*

FIDES

*La traduction française des ouvrages de cette collection
est dirigée par Chantal Bouchard.*

A Lipper/Penguin Book
Cet ouvrage est publié dans le cadre d'un accord des Éditions Fides
avec Lipper Publications et Viking Penguin.

Catalogage avant publication de la Bibliothèque nationale du Canada

Cahill, Thomas
Jean XXIII
(Collection Grandes figures, grandes signatures)
Traduction de : *Pope John XXIII.*

ISBN 2-7621-2523-5

1. Jean XXIII, pape, 1881-1963.
2. Église catholique – Histoire – 20e siècle.
3. Papes – Biographies. I. Titre. II. Collection.

BX1378.2.C3314 2003   282'.092   C2003-941165-6

First published in the United States under
the title *Pope John XXIII* by Thomas Cahill
© Thomas Cahill, 2002
Published by arrangement with Lipper Publications L.L.C.
and Viking Penguin, a division of Penguin Putnam USA Inc.
All rights reserved

Dépôt légal : 3e trimestre 2003
Bibliothèque nationale du Québec
© Éditions Fides, 2003, pour la traduction française

Les Éditions Fides remercient de leur soutien financier le Conseil des Arts du Canada
et la Société de développement des entreprises culturelles du Québec (SODEC).

Les Éditions Fides bénéficient du Programme de crédit d'impôt pour l'édition de
livres du Gouvernement du Québec, géré par la SODEC.

Imprimé au Canada en août 2003

« *Un nouvel ordre de rapports humains* »

« DANS L'EXERCICE QUOTIDIEN de notre ministère pastoral — et à notre grand regret — nous devons parfois écouter des gens dont le zèle étouffe le jugement et la mesure. » Nous sommes en 1962, dans la basilique Saint-Pierre de Rome. Le pape ouvre le concile révolutionnaire qui est passé à l'histoire sous le nom « Vatican II ». Écoutons encore : « Dans les temps modernes, ces gens ne voient que prévarication et ruine. Ils prétendent que notre époque est bien pire que celles d'autrefois ; ils se comportent comme s'ils n'avaient rien appris de l'histoire, qui est pourtant maîtresse de vie… Il nous semble nécessaire de dire notre complet désaccord avec ces prophètes de malheur qui annoncent toujours des catastrophes, comme si la fin du monde était proche. En ce moment précis de l'histoire, la Providence est en train de nous conduire à un nouvel ordre de rapports humains, lesquels, par l'œuvre des hommes, et bien au-delà de leurs attentes, nous mèneront à l'accomplissement de desseins supérieurs et inattendus. »

L'orateur est un vieux bonhomme à la lippe sensuelle, au nez crochu, au regard pétillant de malice : deux oreilles éléphantesques encadrent son visage rond de paysan italien. La magnificence de sa vêture rehausse plus qu'elle ne dissimule le comique naturel de son corps replet. Il parle d'une voix grave et chaude. Ce qu'il vient de révéler avec sa sérénité coutumière sur les tribulations quotidiennes du pape dans le climat suffocant du Vatican a tellement contrarié les administrateurs anonymes de son petit État qu'ils sont résolus à censurer cette partie du discours. Entendent-ils le pape réclamer un bond en avant (*balzo* en italien) de l'exégèse doctrinale (*penetrazione*) qui permette d'en renouveler la forme (*formulazione del suo rivestimento*), occupés comme ils le sont à méditer les coupures et ajouts qui étoufferont le scandale et défroisseront leur amour-propre ? Ils auront beau manier la colle et les ciseaux, le discours original demeure, unique en son genre comme tant d'autres de ce pape unique en son genre.

L'homme aurait sombré dans l'oubli s'il n'avait été pendant les cinq dernières années de sa vie le successeur de l'humble pêcheur promu chef des apôtres de Jésus. Du pinacle de l'Église catholique romaine, Jean XXIII a jeté un caillou dans l'étang de l'expérience humaine, y créant un remous qui ne cesse de s'étendre. Pour comprendre son magistère sur le milliard de catholiques de la planète, son influence sur les autres chrétiens et l'espoir qu'il a éveillé dans tous les cœurs humains, il nous faut d'abord étudier l'histoire tortueuse de l'institution qui lui a servi de tribune.

PREMIÈRE PARTIE

Avant Jean
De la communauté à l'Église
et au canon de l'orthodoxie

Q UOI QU'EN DISE LA PROPAGANDE vaticane, Pierre n'a jamais été l'évêque de Rome. Les cinq premiers récits du Nouveau Testament — les quatre Évangiles et les Actes des apôtres — lui accordent une prééminence qui sera interprétée plus tard comme une preuve de sa primauté, mais dans l'Église primitive, éclatée en petites communautés indépendantes sur le modèle des synagogues dont elles étaient issues, « évêque » (*episkopos* veut dire surveillant en grec) était employé dans un sens proche d'« ancien » (*presbyteros*, dont nous avons tiré prêtre), qui suggère uniquement une autorité morale. Après la mort des apôtres qui avaient été les principaux témoins de la vie et de l'enseignement de Jésus, vers la fin du Iᵉʳ siècle, certaines communautés chrétiennes se donnèrent un *episkopos* pour défendre la pureté de leur doctrine contre les étranges hérésies qui fleurissaient en leur sein. Celle de Rome ne semble pas y être venue avant le milieu du IIᵉ siècle. Le premier évêque de Rome attesté par l'histoire est Anicet, qu'on retrouve en 11ᵉ place sur la liste quelque peu fantaisiste des premiers papes sanctionnée par le Vatican ; il a servi de 155 à sa mort, vers 166. À son avènement, Pierre n'était plus de ce monde depuis 100 ans.

Il avait péri à Rome sous le règne de Néron, crucifié pendant la toute première persécution des chrétiens. Ses ossements reposent sûrement sous le grand autel de la basilique qui porte son nom. C'est sur cette sépulture et sur celle de Paul — rabbin converti à la nouvelle forme de judaïsme et missionnaire d'un zèle si démesuré que l'Église le compte parmi les apôtres — que Rome fondera sa revendication initiale à la primauté universelle.

Dès le dernier quart du IIᵉ siècle, en effet, les tombeaux de Pierre et Paul font de la ville le premier lieu de pèlerinage du monde chrétien. Il est désormais admis que son Église est née du sang versé par ces deux illustres martyrs (alors qu'elle existait avant leur arrivée), et certains tiennent déjà son évêque pour l'arbitre ultime des querelles qui secouent le monde chrétien. Pour Irénée de Lyon, l'Église romaine est « la plus grande et la plus ancienne ». C'est avec elle, « en raison de l'autorité de son origine, que doit s'accorder toute église, c'est-à-dire les fidèles venus de partout ; et c'est en elle qu'a été conservée la tradition qui vient des apôtres ».

Moins de 150 ans après la crucifixion de Jésus, une coutume solidement ancrée fait donc de l'Église de Rome, incarnée par son évêque, le plus ferme rempart de la chrétienté contre l'erreur doctrinale et l'ultime tribunal d'appel dans toutes les matières impossibles à trancher au niveau local. Si la fameuse liste des successeurs de saint Pierre tient du fantasme monarchique plus que de la réalité, on doit admettre que l'évêché romain plonge ses racines dans un terreau ancien et vénérable : l'époque patristique qui a vu l'Église prendre la forme qu'elle conserve encore aujourd'hui.

Anicet venait de Syrie. Son remplaçant, Soter (166-175), est sans doute issu de l'aristocratie romaine. L'évêque suivant s'appelle Éleuthère ; il est Grec. Son successeur Victor (189-199) est originaire d'Afrique. À n'en pas douter, l'Église romaine primitive est très cosmopolite ; d'où, sans doute, le vif intérêt qu'elle porte aux affaires des autres communautés chrétiennes. Pendant la persécution de Dèce, le comité de fidèles qui a pris la relève de Fabien (236-250), l'évêque martyrisé, adressera aux communautés nord-africaines une lettre de solidarité avec « tous ceux qui invoquent le nom du Seigneur ».

Bien que l'Église romaine passe pour un modèle d'orthodoxie aux yeux de la plupart des fidèles, il s'en trouve pour estimer qu'elle manque de rigueur. L'évêque de Rome se voit reprocher sa tolérance à l'égard des hérétiques et la facilité avec laquelle il pardonne aux pécheurs. Si Victor crée l'émoi en obligeant toutes les communautés à célébrer Pâques à la même date — il excommuniera brièvement celles d'Asie qui refusent d'abandonner leur calendrier — Calixte (217-222) scandalise les rigoristes en ordonnant des hommes remariés, en bénissant des unions entre personnes de classes différentes et en distribuant la communion aux chrétiens qui ont renié leur foi pendant une persécution. Il ne fait qu'imiter Jésus, mais les zélateurs de la chasteté, de la ségrégation et de l'exclusion refusent de l'admettre, tout comme ceux de Jean XXIII refuseront de voir qu'il s'inspirait de l'Évangile et eux, non.

Si révérée qu'elle soit, l'Église de Rome ne jouit d'aucune primauté. Les titulaires des évêchés les plus anciens (notamment ceux d'Antioche, d'Éphèse, de Corinthe, d'Alexandrie et de Carthage) adressent eux aussi exhortations et remontrances à des communautés plus jeunes et moins illustres, les soutiennent financièrement, les excommunient le cas échéant. On donne à ces « métropolitains » le titre de *papa*. À l'époque, tous les évêques y ont droit en Occident et, dans certaines régions d'Orient, tous les prêtres ; il faudra attendre le XIe siècle pour que l'usage devienne une exclusivité romaine. Considérés comme les successeurs des apôtres, les évêques partagent également la charge pastorale et le pouvoir un et indivisible que les premiers disciples ont reçu de Jésus.

Au sein de la chrétienté des premiers temps, la critique ne s'exerce pas à sens unique. Durant la violente controverse sur les apostats, au milieu du IIIe siècle, les Églises africaines emmenées par Cyprien, l'implacable métropolitain qu'on avait surnommé le pape de Carthage, condamnèrent durement la souplesse de l'évêque de Rome, l'accusant de se poser en évêque des évêques et de se conduire en tyran à l'égard de ses collègues. Étienne répondit sereinement qu'il était Pierre, vivante incarnation de celui auquel Jésus avait dit : « Tu es Pierre, et sur cette pierre je bâtirai mon Église. » Apparaît ici, pour la première fois, la revendication de l'évêque de Rome à la primauté épiscopale.

Cyprien ne se laissa pas démonter, et la mort — de cause naturelle pour Étienne en 257, par martyre pour Cyprien l'année suivante — se chargea d'éteindre leur querelle. Il arrive souvent qu'elle résolve ainsi la quadrature du cercle pour l'Église.

L'Église impériale

L'empire pèse sur le devenir des communautés chrétiennes par ses persécutions générales et locales, mais il lui arrive d'intervenir utilement dans les affaires ecclésiastiques. Lorsque Constantin abat son rival Maxence au pont Milvius, en octobre 312, l'Église romaine compte près de trois siècles de dévouement à la cause des pauvres et à celle de la paix, mais autant d'années d'âpres querelles et de controverses parfois mortelles. Ses évêques ont payé un lourd tribut aux persécutions : certains ont abdiqué, d'autres ont péri, les vacances ont parfois été comblées par des comités. Quelques-uns ont su profiter d'un accès de tolérance impériale pour accroître la richesse matérielle de leur Église en même temps que le nombre de ses fidèles. Au total, beaucoup de preuves de courage, assez peu d'actes de lâcheté. Deux antiévêques (plus tard promus antipapes) et un renégat, Marcellin (296-304), qui a livré (*tradere*, racine de « trahir ») sa collection de textes sacrés aux séides de Dioclétien et a sacrifié aux idoles, composent la courte liste noire de cette succession de prélats tantôt coulants, tantôt sévères, souvent pacifiques, parfois agressifs. Devrait peut-être y figurer ce Pontien (230-235) qui confirma la sentence prononcée par son collègue alexandrin contre Origène, réduisant au silence d'abord, à l'exil ensuite l'un des plus grands théologiens de l'histoire chrétienne.

Les empereurs se sont habitués à la présence des chrétiens. Si certains les ont persécutés, la plupart, conscients de l'influence que leur conférait leur nombre croissant, ont plutôt cherché à trancher les disputes ecclésiastiques qui menaçaient la tranquillité publique. Il est même arrivé qu'un synode fasse appel à l'arbitrage impérial. La politique religieuse de Constantin donne toutefois aux rapports entre l'Église et l'empereur un tour qui transformera la perception que l'Église a d'elle-même et de sa place dans le monde.

Avant d'engager la bataille du pont Milvius, aux abords de Rome, Constantin a vu un signe au firmament : une croix lumineuse accompagnée des mots grecs *en touto nika* (par ce signe tu vaincras). Cette croix — plus précisément, le chrisme, monogramme associant χ (khi) et ρ (rhô), les deux premières lettres du mot « Christ » en grec — ornera désormais les boucliers et bannières de son armée. L'âme simple de Constantin a-t-elle confondu le Christ avec quelque ancien dieu ? Certains indices laissent penser qu'il l'identifiait à *Sol Invictus*, le Soleil invaincu qu'adorait son père. Dans sa mère Hélène, une servante que son mari avait répudiée en devenant empereur pour épouser une femme plus digne de son rang, il avait par ailleurs un exemple de ferveur chrétienne qui l'a peut-être inspiré. Plutôt que de traiter cette importation asiatique comme une infection menaçant le panthéisme diffus de ses ancêtres, à l'instar de ses prédécesseurs, le nouveau maître de Rome cherchera à en faire le ciment de son empire menacé d'éclatement.

L'instrument qu'il s'est choisi le déçoit : les chrétiens sont en proie à d'inexpiables haines doctrinales, fruit de divergences théologiques profondes. Il faut à tout prix mettre fin à ces querelles absurdes. Avec le sens pratique du soldat, Constantin imagine une solution qui ne serait sans doute jamais venue à l'esprit d'un clerc : convoquer une assemblée générale des évêques et les obliger à trouver un terrain d'entente — n'importe lequel. Ce premier concile œcuménique (mondial) se réunit en 325 à Nicée, ville où l'empereur passe l'été, non loin de Constantinople, la deuxième capitale de l'empire. La convocation n'a pas reçu l'approbation préalable de l'évêque de Rome — les évêques ne semblent pas avoir été ne serait-ce que consultés —, mais les appelés accourent des quatre coins de l'écoumène (terre habitée). Sylvestre reste à Rome ; deux représentants exerceront son droit de vote. Constantin n'aurait jamais saisi les différences de grade entre les participants à son concile, mais ceux-ci ne se sont peut-être pas donné la peine de les lui expliquer. Les subtilités théologiques n'étaient pas son fort : il voulait régler son problème et était tout prêt à payer de son auguste personne. Son écrasante présence étouffa dans l'œuf l'hystérie qui n'aurait pas manqué de faire éruption en son absence.

L'édit de Tolérance de 313 ayant accordé la liberté de culte aux chrétiens, ce n'est plus le problème des apostats qui soulève les passions, mais bien celui de la nature du Christ. Les partisans d'Arius, un prêtre alexandrin, affirment que Jésus était un homme, élu de Dieu certes, mais purement humain ; les représentants de Rome, qu'il participe de la substance divine, c'est-à-dire qu'il est à la fois Dieu et homme. Les deux camps s'appuient sur des nuances sémantiques si fines que le pauvre empereur doit y perdre son latin. Au bout du compte, Arius et ses adeptes (pour beaucoup, des nonnes égyptiennes assez exaltées) sont déboutés. Le concile s'entend sur un symbole, c'est-à-dire une formule qui énumère les articles de foi auxquels tous les fidèles sont tenus d'adhérer : le premier credo (je crois, en latin) est né. Finies les insolubles ambiguïtés de la controverse théologique ! Le symbole de Nicée a l'élégante simplicité d'une stratégie élaborée par un grand général.

Si Constantin espérait des ecclésiastiques l'obéissance de ses soldats, il déchante vite. Les vaincus ne se soumettent qu'en apparence. La controverse se rallume très vite et s'avère inextinguible. Des évêques orientaux basculent dans le camp arien et excommunient le collègue romain qui s'accroche au symbole de Nicée. Les évêques occidentaux font allégeance publique au patriarche romain, qui excommunie ses adversaires orientaux. Le fils de Constantin, acquis à l'arianisme, cherche à retourner les alliés de Rome au moyen de cadeaux et de menaces, puis exile leur chef en Thrace. En 366, Ursin, l'évêque arien de Rome, est assassiné par les émeutiers que son rival Damase a lancés à ses trousses. En 381, l'empereur anti-arien Théodose convoque un deuxième concile œcuménique à Constantinople ;

en l'absence des évêques d'Occident, l'assemblée confirme et précise le symbole de Nicée. Ce credo est encore récité aujourd'hui pendant la messe.

À défaut d'éteindre les querelles théologiques, l'activisme impérial métamorphose l'Église. Constantin a couvert Rome de somptueux sanctuaires bâtis sur le modèle des vastes édifices qui servaient de tribunal et de lieu de rassemblement : les basiliques. Il a fait don à son évêque de riches domaines agricoles (parfois perdus aux confins de l'Afrique ou de l'Asie), a rempli ses coffres de métaux précieux, l'a associé à ses manifestations publiques et à ses conseils privés.

La pompe impériale déteint sur l'évêque. Le voilà qui reprend à son compte le titre de *pontifex maximus* porté par l'empereur quand il présidait le collège des prêtres païens de Rome. Damase substitue « fils » à « frère » dans ses lettres aux évêques et fait lyncher son rival arien après un petit entretien avec le chef de la police municipale. Son successeur Sirice (384-399) publie des décrétales imitées de celles de l'empereur pour trancher les litiges ecclésiastiques. La tunique épiscopale s'orne de la pourpre sénatoriale. Les dames de la haute société romaine se disputent la présence de l'évêque, lequel accepte volontiers leurs invitations dans l'espoir de leur soutirer quelque bénéfice. Damase y gagnera le surnom de *matronarum auriscalpius*, celui qui chatouille l'oreille des matrones !

Ces manigances épiscopales sont rapportées par divers commentateurs indépendants. L'historien païen Ammianus Marcellinus, par exemple, nous dépeint un haut clergé gâté par les matrones, circulant dans des chars superbement décorés, offrant des banquets si somptueux qu'ils surpassent ceux des rois eux-mêmes. On est loin de l'apôtre Paul qui, au milieu de son titanesque labeur missionnaire, trouvait le temps de coudre des tentes pour ne pas être à la charge de quiconque ou obligé d'accepter des faveurs inconvenantes.

Dès la fin du IVe siècle, le clergé romain possède donc déjà la mentalité arrogante, ombrageuse et parasite à laquelle Jean XXIII fera allusion dans son adresse inaugurale au concile. Il va sans dire que le bon évêque ne laisse pas les matrones l'approcher de trop près : son ineffable hauteur contribue puissamment à son prestige spirituel. Ses intimes sont tous des hommes, de jeunes clercs dont le seul désir — imiter leur maître — s'exprime dans les bandes qui ornent leur élégante dalmatique, ancêtre de la chasuble. Ce clergé-là a oublié le mépris de Jésus pour les vêtements moelleux et semble persuadé que Dieu a créé l'empire romain pour faire triompher son christianisme douillet.

Pendant ce temps, les nuages s'amoncellent à l'horizon. L'empire de Constantin s'est scindé en deux après lui. L'empereur d'Orient s'est fixé à Constantinople ; en Occident, la cour impériale est passée d'Arles à Milan, puis à

Ravenne. Rome est délaissée. Ce vide politique nourrit les rêves de grandeur de l'évêque, mais fragilise la vieille cité. Au début du ve siècle, des hordes barbares franchissent les frontières au nord et à l'est, se répandent dans les champs et les vignes de la péninsule italienne. Rome doit son salut à Léon le Grand, un évêque aussi noble, intelligent et volontaire que Damase était puéril : en 452, il va trouver Attila à Mantoue pour le persuader de ne pas marcher sur sa ville sans défense. Son éloquence et sa prestance font plier le terrible chef des Huns. Cette rencontre aux résonances mythiques confère à l'évêque de Rome un prestige unique en Occident. Elle a prouvé que rien ne résistait à Pierre.

Le quatrième concile œcuménique s'était réuni un an avant cet événement. (Le troisième, tenu en 431 à Éphèse, ville où Marie était censée avoir rendu l'âme, avait décrété que la mère de Jésus était mère de Dieu puisque son fils possédait les deux natures.) Appelée à réaffirmer la dualité du Christ, l'assemblée de Chalcédoine s'est appuyée sur une formule élaborée par Léon pour dissiper toute confusion sur ce sujet. Le clergé d'Occident y a vu une justification des prétentions romaines à la primauté universelle. Après la lecture du texte de Léon, les pères conciliaires n'ont-ils pas déclaré : « C'est Pierre qui parle par la bouche de Léon ! » ? En fait, dans l'esprit des prélats orientaux (d'Antioche à Jérusalem et d'Alexandrie à Constantinople), Pierre a parlé par la bouche de Léon dans ce cas-ci, mais une fois n'est pas coutume : seul le collège des évêques peut dire si le représentant de l'Église romaine a tort ou raison. L'affaire aggrave le malentendu entre Rome et ses alliés (surtout italiens), qui accordent l'autorité suprême au successeur de Pierre, et ceux qui, en Orient et dans les régions périphériques d'Occident (Gaule, Espagne, Afrique), l'attribuent au concile, assemblée des évêques représentant toute la chrétienté.

Romains et barbares

En 476, le dernier empereur romain d'Occident est détrôné. Son domaine éclate en une multitude de royaumes barbares aux souverains illettrés, tantôt animistes, tantôt ariens, jamais assez bons chrétiens au goût exigeant du clergé romain. Ces roitelets n'ont pas un iota de la légitimité de l'empereur d'Orient, mais le *basileus* est si loin que la plupart de ses sujets occidentaux le tiendront bientôt pour à peine moins fantastique que l'empereur de Chine Koubilaï Khan. Sous le choc, l'antique civilisation romaine s'effondre. La natalité explosive des conquérants engloutit la population de souche latine. Violence, pillage et esclavage se répandent à une vitesse seulement comparable à celle du reflux de l'alphabétisation. Au lieu de se perdre en vaines lamentations, les évêques d'Occident s'investissent dans la défense de l'orthodoxie et la sauvegarde des derniers lambeaux de la culture, du droit et de l'instruction.

Durant la période de tempêtes qui sépare la chute de l'empire d'Occident du haut Moyen Âge, l'Église sera le seul bastion culturel de l'Europe. Ceux qui s'aventuraient sur les chemins ravinés du monde barbare retrouvaient comme par magie la paix cultivée d'un monde évanoui en arrivant à la petite cour d'un évêque.

Les nouveaux maîtres ne sont pas insensibles au raffinement, bien au contraire. Théodoric, l'Ostrogoth qui a remplacé le dernier empereur, avoue sans fard que tout Goth digne de ce nom voudrait être Romain, mais que pas un Romain ne voudrait être un Goth. Par leur nombre, leur ignorance, leur indiscipline, les barbares ont anéanti la civilisation romaine, mais telle n'était pas leur intention. Ils voulaient leur part, c'est tout.

Pendant ce temps, l'Orient a basculé de l'arianisme au monophysisme — autrement dit, de l'affirmation de la nature purement humaine du Christ à sa complète négation. L'Église grecque possédait plusieurs patriarcats et avait un goût très prononcé pour la spéculation, la spiritualité et la nouveauté : par nature, elle était plus radicale que sa sœur latine. Soudée autour de l'évêque de Rome, son seul patriarche, l'Église d'Occident se souciait moins de théologie que d'organisation. Un pragmatisme très constantinien l'attachait à la loi et à la coutume. Elle se refusait à réécrire l'histoire ou à modifier son credo pour accommoder chaque idée nouvelle et cherchait son unité dans le juste milieu, sans pour autant écarter de son dogme quoi que ce soit d'essentiel. Son Jésus n'était pas ou Dieu ou homme, mais bien et Dieu et homme. On n'allait pas mutiler sa double nature simplement parce que le concept était difficile à appréhender et à exprimer ! L'Église grecque était si éprise de logique pure qu'elle avait du mal à tolérer l'apparence de contradiction ; plus terre à terre, l'Église latine avait moins de peine à admettre une théologie antinomique par essence.

Ce sens tout romain de la mesure, cette retenue face aux passions théologiques de l'Orient, ce refus de zigzaguer à l'aveuglette d'un extrême à l'autre ne cesseront de rehausser le prestige de Rome. Ce sont précisément ces qualités-là — la pondération, l'équilibre, le refus des modes — qui amèneront les membres du mouvement d'Oxford à conclure que les Églises protestantes d'Angleterre s'étaient fourvoyées et que Rome occupait toujours la meilleure place, au centre du terrain. « J'ai regardé dans le miroir, gémira John Henry Newman, le plus grand théologien du XIXᵉ siècle, et j'ai vu un monophysite. »

En attendant, les évêques de Rome échangeraient volontiers leurs roitelets incultes et agités contre un empereur à l'ancienne mode, mais le modèle oriental qu'ils pourraient opposer à la brutale réalité occidentale comporte un grave défaut. Quelles qu'aient été leurs prétentions au sein du collège épiscopal, ils n'ont jamais remis en cause leur appartenance à l'empire et, partant, leur sujétion à son chef incontesté, l'empereur. C'est pourquoi Constantin a pu convoquer son concile sans susciter la moindre objection. Sauf que l'empereur régnant est un monophysite et qu'il s'emploie à négocier un compromis sémantique entre ses coreligionnaires et les chrétiens latins dans l'espoir de recoller un jour les deux morceaux de l'ancien empire romain. Peut-on encore le considérer comme le chef de l'Église, dans ces conditions ?

Élu en 492, Gélase écrit à l'empereur, non pour lui demander son assentiment (comme ses prédécesseurs), mais pour lui exposer une nouvelle théorie politique :

> Il y a deux principes, Empereur Auguste, par qui ce monde est régi au premier chef : l'autorité sacrée des pontifes et la puissance royale, et des deux, c'est la charge des prêtres qui est la plus lourde, car devant le tribunal de Dieu, ils rendront compte même pour les rois des hommes. Vous savez en effet, Fils (!) très clément, que, bien que vous régniez sur le genre humain, vous courbez avec dévotion la tête devant ceux qui président aux choses divines, et que vous attendez d'eux les moyens de votre salut. Vous dépendez du jugement des évêques ; vous ne pouvez les réduire à votre volonté… Et si les âmes des fidèles sont soumises aux prêtres ordinaires… à plus forte raison doit-on obéissance à celui qui occupe le siège que Dieu le Très-Haut a élevé au-dessus de tous les autres et que le pieux jugement de l'Église honore comme tel depuis.

Bref, c'est l'empereur qui est le sujet de l'évêque et non l'inverse. La missive laissera son destinataire de marbre, mais elle constitue la première salve d'une longue guerre que la papauté livrera avec acharnement, alternant embuscades et batailles rangées, jusqu'à ce que Jean XXIII y mette un terme. La thèse de Gélase est d'ailleurs moins simple qu'il n'y paraît : il distingue deux royaumes, l'un temporel, l'autre spirituel, place le second au-dessus du premier et en déduit que l'empereur est soumis à l'évêque dans le domaine spirituel, mais il ne va pas jusqu'à accorder à l'évêque des évêques une autorité absolue en matière temporelle. Bon nombre de ses successeurs le feront, mais sa lettre à lui peut aussi s'interpréter comme une ébauche de ce qui deviendra avec le temps la doctrine de la séparation de l'Église et de l'État.

L'évêque de Rome peut bien prétendre à l'autonomie, il n'en est pas moins obligé de transiger avec les rois barbares dont dépend son existence. En 498, Théodoric, un Arien notoire, est même invité à arbitrer entre deux candidats au siège. Le premier est soutenu par l'aristocratie romaine, qui sacrifierait volontiers l'orthodoxie en échange d'une restauration impériale ; le second est défendu par la plèbe, farouchement attachée à la doctrine officielle et à la primauté du siège romain. Le roi choisit Symmaque, l'homme du peuple (et candidat au trône impérial — ce n'est pas un hasard). Il servira jusqu'en 514.

Comme si l'étroite tutelle d'un puissant souverain barbare ne lui compliquait pas assez la vie, l'évêque doit aussi compter avec les intrigues de la cour byzantine. Si le pieux empereur Justin oblige les évêques orientaux à accepter le Formulaire d'Hormisdas (514-523) affirmant l'autorité du concile de Chalcédoine et la primauté des successeurs de Pierre au motif qu'ils incarnent la pierre sur laquelle Jésus a voulu bâtir son Église, son successeur Justinien est un sympathisant monophysite et sa femme Théodora, une irrépressible intrigante. Tout lui est bon pour asseoir un monophysite dans la chaire de saint Pierre. Ses machinations n'aboutissent qu'à faire élire Vigile (537-555), un ambitieux prêt à dire n'importe quoi pour arriver à ses fins. Ce parfait caméléon fera le pire évêque que Rome ait dû supporter jusqu'alors. Son élévation au pinacle n'affermit pas son caractère ondoyant : il change d'avis comme de chemise sur la nature du Christ, récuse publiquement le monophysisme, mais cède en secret aux pressions de l'empereur, lequel finit par dévoiler au cinquième concile œcuménique réuni à Constantinople toutes ses lettres dithyrambiques et hypocrites sur la question. Cédant aux exigences impériales, le concile condamne les écrits de trois théologiens décédés, tous d'ardents défenseurs de la formule de Chalcédoine, et réprouve Vigile. L'empereur excommunie l'évêque ; les titulaires des grands sièges italiens de Milan et d'Aquilée lui emboîtent le pas. La Gaule —

pourtant l'un des plus fidèles soutiens de Rome — prend
ses distances. La brouille avec l'Istrie, région couvrant le
nord-est de l'Italie et la Croatie, durera un siècle et demi.
Le prestige de Rome n'a jamais été plus bas. L'empereur
assigne Vigile à résidence pour le contraindre à renier tous
ses écrits, puis le renvoie à Rome en disgrâce. La plèbe
romaine aurait sans doute lynché son piteux évêque si une
violente crise de foie ne l'avait achevé pendant son voyage.

L'évêché romain mettra 35 ans à se remettre de ce désastre. Lorsque Grégoire (590-604) en prend possession, le
pouvoir et la gloire de Byzance ont presque complètement
disparu des mémoires dans un Occident de plus en plus
inféodé aux barbares. Un prêtre d'ascendance germanique
a déjà occupé le trône de Pierre, et si Rome appartient
encore nominalement à l'empire, pour les Germains par-
tiellement christianisés qui composent le gros de la paysannerie occidentale, c'est le successeur de l'apôtre et non
l'empereur qui est le guide spirituel ultime.

Grégoire n'est pas Vigile : la dernière chose qu'il aurait
souhaitée, c'est celle qui lui arrive — un excellent présage
de grandeur, à vrai dire. Cette dignité indésirée, il est le
premier moine à y être élevé. Réputé pour sa dévotion aux
pauvres et les soins qu'il a inlassablement prodigués aux
victimes d'une épidémie (il y en a souvent dans cette ville
entourée de marécages), il n'aspire qu'à prier, méditer et
soigner les malades ; il n'apprécie pas du tout qu'on lui

impose ce qui lui semble une charge insupportable. On se demande d'ailleurs ce qui a bien pu pousser le frivole clergé romain à se donner ce saint homme pour chef, mais son unanimité laisse penser que c'était une question de vie ou de mort. Seul un homme sincère avait quelque chance de le tirer de la fange où il pataugeait.

Grégoire hérite d'une ville en décomposition. Pendant que Goths et Byzantins se disputaient sa position stratégique, Rome a affreusement dépéri : son sénat s'est dissous, sa population, jadis supérieure au million d'âmes, a fondu des neuf dixièmes. Le vaste réseau d'aqueducs qui alimente la ville fuit de partout ; l'eau des collines se répand dans la plaine et y forme des mares malsaines. Les Lombards qui occupent le nord de la péninsule italienne bloquent les communications avec le reste de l'Europe.

Le nouvel évêque aime passionnément sa ville, sa langue, ses coutumes. Bien qu'il ait passé sept ans à Constantinople comme nonce apostolique, il a toujours refusé d'apprendre le grec : « Qui donc, l'avait-on entendu protester, serait capable de délaisser Rome pour Constantinople ? » Grégoire est, à beaucoup d'égards, un homme de son temps, tout prêt à croire aux miracles, rempli d'un pieux effroi. Les nombreuses lettres de lui que conserve précieusement le Vatican montrent qu'il était aussi un *padrone* à l'antique mode romaine : respectueux de l'ordre, pragmatique et lucide. Il négocie sans arrêt avec les pouvoirs

politiques ; il le faut bien pour protéger sa ville des dépré-
dations. Il prend son rôle de curateur du patrimoine de
Pierre très au sérieux, exhorte les intendants des fiefs épiscopaux à se montrer équitables et à distribuer le fruit de la
récolte aux pauvres de leur région. Une de ses missives
appelle les responsables d'un grand domaine pontifical à
s'attacher « non aux intérêts matériels de l'Église, mais au
soulagement de la détresse des pauvres ». On chercherait
en vain l'équivalent dans les déclarations de ses successeurs. Grégoire fait dresser une liste de tous les miséreux de
Rome et leur distribue une part du produit des terres épiscopales pour qu'ils puissent manger à leur faim. Il accueille
une douzaine d'affamés à sa table tous les midis.

Dans l'exercice de ses fonctions, il demeure d'une con-
fondante humilité : rare chez ses prédécesseurs, elle sera
sans exemple après lui. Il récuse les titres de pape et de
patriarche d'Occident au profit de l'humble « serviteur des
serviteurs de Dieu ». Il admoneste son collègue de Constantinople quand celui-ci prend le titre de patriarche œcuménique, refuse catégoriquement celui de pape (père)
universel que lui décerne le métropolitain d'Alexandrie,
veut bannir ces mots qui « développent la vanité et débili-
tent l'amour ». Un évêque est « un ministre, non un maître » qui doit « se régir lui-même, non régir ses frères ».

Sous Grégoire, la foi chrétienne progresse chez les Lom-
bards et les Wisigoths d'Espagne. Il la fait porter aux

Angles et aux Saxons qui viennent d'arracher le sud-ouest de l'Angleterre aux Celtes chrétiens. Ayant remarqué sur le marché aux esclaves de Rome deux jeunes Angles dont la beauté blonde lui semble digne « non des Angles, mais des anges », il envoie derechef son bibliothécaire Augustin en mission dans leur île. Myope, sédentaire, le malheureux érudit n'a pas le profil apostolique et essaie à plusieurs reprises de se défiler, mais son patron a l'habitude des solutions boiteuses. Augustin débarquera en Angleterre, persuadé d'être bientôt mangé par les indigènes, et y fera un travail respectable, prouvant que Grégoire avait vu juste.

Pour ses nouvelles brebis, Grégoire est prêt à sacrifier même ses chères coutumes romaines. Ses lettres à ses amis et délégués sont bourrées de conseils et d'appels à l'indulgence : au lieu d'exiger une stricte observance de la règle, il suggère des adaptations aux mœurs locales ! Il signale au prudent Augustin, devenu entre-temps évêque de Canterbury et primat de l'Église d'Angleterre, qu'on ne doit pas « chérir des coutumes pour l'amour d'un lieu, mais bien chérir chaque lieu pour ce qu'il a de bon ». Autrement dit, aime ton voisin même s'il est anglo-saxon.

Le souci paternel dont témoigne le flot de ses lettres à toutes les communautés chrétiennes du monde connu a-t-il usé ce pasteur exemplaire ? Grégoire mourut au début de la soixantaine, en paix avec sa conscience, sachant qu'il avait rempli au mieux une mission impossible. Son esprit agile allait droit au cœur de chaque problème. Sa passion pour l'oraison et la contemplation était si vive qu'au travers de ses tribulations, il avait trouvé le temps de documenter la tradition musicale de son Église, associant ainsi pour l'éternité son nom à cette musique angélique qu'on appelle chant grégorien. Il a vécu à une époque de bouleversements politiques et culturels d'une telle ampleur qu'il croyait la fin du monde imminente, comme beaucoup de ses contemporains. Aurait-il connu une vie moins agitée qu'il se serait quand même usé à la tâche tant il avait une vision large de sa mission pastorale. Cet homme qui refusait le titre de père universel a incarné ce rôle comme nul autre avant lui et un seul après lui : Jean XXIII.

La mort de Grégoire le Grand nous amène au début du VIIe siècle — au tiers, à peu près, de l'histoire du christianisme. Pendant ce « règne » charnière, l'Église a tourné le dos au monde gréco-romain postclassique pour embrasser les cultures barbares des Celtes, des Germains, des Vikings et des Slaves occidentaux, les peuples qui feront sa fortune. Sous le manteau de l'unité politique, l'empire avait toujours été divisé en deux provinces culturelles : l'Est grec et l'Ouest latin. En abandonnant Rome pour les voluptés orientales de Constantinople, l'empereur avait aggravé ce clivage, et plus encore en y installant un métropolitain capable de disputer à l'évêque de l'ancienne capitale impériale la prééminence manifeste qui lui était accordée sur les patriarches des autres sièges apostoliques, Jérusalem, Antioche et Alexandrie.

La culture grecque était tenue pour la plus haute du monde antique. Les Hellènes ne se connaissaient pas de rivaux et en imposaient même aux Romains. L'évêque de Rome avait beau asseoir, littéralement, son autorité pastorale sur les dépouilles des saints apôtres Pierre et Paul, les évêques orientaux renâclaient à la reconnaître, surtout dans le domaine intellectuel — entendez, théologique — qu'ils considéraient comme la chasse gardée des Grecs. De son côté, le haut clergé d'Occident, désormais composé pour une bonne part de barbares incultes mais énergiques, répugnait de plus en plus à se soumettre au jugement de ce pouvoir lointain et sclérosé. Le décor de la rupture était donc planté quatre siècles et demi avant qu'elle ne se produise. Dès le pontificat de Grégoire, l'empire d'Orient n'est plus évoqué que pour la forme, et l'incompréhension monte sans bruit, mais sans répit entre les Églises latine et grecque.

À l'est, le pouvoir temporel appartient tout entier à l'empereur, et le synode épiscopal exerce l'autorité ecclésiastique suprême puisque seule l'assemblée des évêques, inspirée par la Tradition, est réputée apte à prendre les décisions cruciales. À l'ouest, en dépit des objurgations de Grégoire le Grand, l'unique patriarche d'Occident s'approprie l'appellation *papa* et devient «le» pape, réduisant en proportion le statut des autres évêques. C'était sans doute inévitable : au royaume des aveugles, le borgne est roi. Dans cette société rustique, illettrée et superstitieuse, le prestige de Rome, îlot de culture, sanctuaire religieux et reliquaire de la civilisation antique, ne pouvait que croître. Englué dans la féodalité, privé de tradition intellectuelle et d'assemblées représentatives, l'Occident en viendra à considérer la royauté comme sacrée et le successeur de Pierre, seul homme vivant pouvant prétendre au statut de représentant du roi des rois, comme le plus grand des monarques d'ici-bas.

En donnant à Pierre les clés du royaume des cieux et le pouvoir de lier et de délier au ciel et sur la terre, Jésus parlait par métaphore, selon la coutume de Palestine. Dans la traduction de saint Jérôme (qui date du IVe siècle et a servi en Occident pendant plus de mille ans), la seconde formule est rendue par les mots latins *ligare* et *solvere*. Empruntés à la langue du droit, ils donnent l'impression que le successeur de Pierre a bel et bien des droits juridiques sur le royaume des cieux — *a fortiori* sur ceux de la terre !

LES DEUX GLAIVES

L'épiscopat oriental exerçait ses pouvoirs sous la tutelle d'un empereur omnipotent qui se considérait comme le 13e apôtre (à l'instar de Constantin), mais l'effondrement

de l'empire d'Occident avait laissé le territoire européen
sans maître. S'y disputait depuis une partie d'échecs remplie de coups fourrés entre des rois barbares avides de
pouvoir et des évêques latins résolus à défendre la culture
et les coutumes de l'Antiquité. Sur cet échiquier em-
brouillé, l'évêque des évêques avait pris une telle prépon-
dérance qu'un Orient mal informé pouvait à juste titre y
voir une monstruosité, une plante envahissante qui étouf-
ferait le jardin de la chrétienté si on ne la rabattait pas.

Byzance est toutefois trop affaiblie et menacée sur ses
autres flancs pour agir contre ce parvenu. Au nord, les
hordes slaves jettent à la mer les populations hellénophones
des Balkans. À l'est, la Perse s'agite à nouveau ; ses troupes
zoroastriennes occupent (temporairement) les cités byzantines d'Antioche, de Damas et de Jérusalem. Et surtout,
l'Arabie vient de lancer à l'assaut du monde méditerranéen
une armée exaltée par les prophéties d'un conducteur de
chameaux nommé Mahomet. Constantinople a raison de
trembler : l'Islam lui ravira bientôt toutes ses possessions
du Moyen-Orient. La *mare nostrum* des Romains deviendra une mer musulmane, et le christianisme sera menacé
jusque dans son bastion occidental.

L'empereur a beau être pressé de toutes parts, il persiste
à revendiquer la primauté ecclésiastique et prétend faire
appliquer ses décrets par toutes les communautés chrétiennes. Sur son ordre, l'évêque Martin Ier (649-653) est arrêté

devant l'autel de la basilique du Latran, traîné à Constantinople, maltraité et humilié publiquement, puis exilé en Crimée jusqu'à sa mort. La crise iconoclaste aggrave l'acrimonie occidentale à l'encontre du *basileus*. Opposé au culte des icônes, qu'il assimile aux idoles interdites par le Livre de l'Exode, le mouvement des « briseurs d'images » réussit à détruire la quasi-totalité de l'art figuratif sacré d'Orient, mais échoue lamentablement dans un Occident depuis longtemps revenu des ratiocinations byzantines et énamouré des images comme seules peuvent l'être les cultures analphabètes. À la mise en demeure de l'iconoclaste Léon II, Grégoire II (715-731) réplique sèchement que l'empereur ne devrait pas se mêler des questions de dogme : son intelligence est trop grossière et militaire.

Pendant ce temps, les musulmans ont arraché l'Espagne aux Wisigoths et ont passé les Pyrénées. En 732, Charles Martel endigue le raz-de-marée islamique à Poitiers. Plein de gratitude, le patriarche d'Occident lui dépêche une délégation pour le prier de bien vouloir défendre le patrimoine pontifical — en gros, les régions de Rome et de Ravenne — contre les convoitises lombardes. Charles fait le sourd. La démarche n'en représente pas moins le début d'une relation qui transformera l'organisation politique de l'Europe et dont les effets se feront sentir pendant des siècles.

Charles n'est pas le roi des Francs, mais seulement le maire du palais, premier serviteur d'un roi mérovingien qui n'est pas qualifié de fainéant pour rien. Son fils Pépin persuade toutefois le pape que « mieux vaut appeler roi celui qui en a le pouvoir plutôt que celui qui sans aucune puissance en porte le titre ». Le loyal missionnaire Boniface est chargé d'accorder l'onction sacrée à l'aspirant au trône. Le 6 janvier — date à laquelle on fêtait alors Noël — de l'an de grâce 754, Étienne II se rend à Ponthierry pour solliciter à nouveau l'aide des Francs contre les Lombards. À son arrivée, le roi prend son cheval par la bride et le conduit à pied, comme un vulgaire valet d'écurie. Ému par tant d'humilité, Étienne sacre solennellement son nouvel ami et lui confère le titre fraîchement inventé de patrice des Romains. À son appel, les Francs jurent fidélité à la nouvelle dynastie. Donnant, donnant : Pépin promet de lui rendre le patrimoine de Pierre.

Et tient parole. En deux courtes années, sa longue épée découpe dans la botte italienne une pièce qui englobe la partie de la côte ouest correspondant au Lazio moderne, traverse le centre de l'Italie en diagonale et remonte d'Ancône jusqu'aux environs de Venise le long de l'Adriatique. *Lo Stato della Chiesa*, l'État pontifical, vient de naître. L'empereur dénonce cette spoliation par un usurpateur barbare. Il n'est pas entendu, mais il n'a pas tort. L'évêque de Rome possédait de grands domaines agricoles dont le produit était tantôt distribué aux pauvres tantôt employé à financer l'administration pontificale, mais il n'avait jamais

revendiqué d'autre autorité que celle du propriétaire ter-
rien sur ce patrimoine. Et voilà qu'Étienne acceptait comme
allant de soi la pleine souveraineté sur un vaste territoire
en vertu de la donation d'un roi à la légitimité plus que
discutable !

Sur ces entrefaites, Rome retrouve dans ses archives une
donation de Constantin qui proclame la primauté éternelle
et universelle de son évêque et lui attribue tous les privilèges et pouvoirs impériaux. Mieux, le document fait don
au siège romain de l'Italie et de ses marches occidentales —
soit tous les territoires à l'ouest de la péninsule. Il s'agit
d'un faux, bien entendu, mais si utile et de si bonne facture
que le Saint-Siège l'exploitera pendant des siècles. Grâce à
lui, le pape (c'est le nom le plus propre à présent, même si
l'évêque de Rome attendra encore trois siècles avant de se
l'approprier) passait du statut de patriarche à celui d'empereur de par la volonté du grand Constantin lui-même.
Les territoires cédés par Pépin — sans parler des autres —
lui revenaient de droit, le pouvoir impérial également. Le
faussaire n'a jamais été identifié ; son œuvre figure toujours
dans la collection de la bibliothèque vaticane.

Avant l'invention des valeurs mobilières, la richesse
reposait exclusivement sur la propriété terrienne. Reléguant
aux ténèbres extérieures la maxime évangélique sur le danger de servir deux maîtres, les grandes familles romaines
plongent dans une véritable guerre des clans pour placer

l'un des leurs sur le trône que la donation de Pépin a transformé en superbe assiette au beurre. Trahison, empoison-
nement, torture, mutilation, meurtre : tout est bon pour
promouvoir ou ruiner une candidature. Le pape avait souhaité la création de cet État pour garantir sa sécurité, mais
il n'a jamais été moins tranquille. Les sinistres intrigues
que nous avons coutume d'associer aux papes de la Renaissance n'ont rien à envier aux hideux complots de la
deuxième moitié du VIIIe siècle.

L'entente cordiale entre le pape et le roi des Francs connaît son apogée le jour de Noël de l'an 800, quand Léon III
sacre le fils de Pépin empereur d'Occident — titre appelé
à durer plus de mille ans. Le récit franc du couronnement
de Charlemagne, le plus illustre représentant de sa dynastie, fait état d'une prosternation papale à la mode byzantine devant le nouvel empereur, mais sa fiabilité laisse à
désirer. Quoi qu'il en soit, le grand Charles, fermement
convaincu de son élection divine, s'estime libre d'agir
comme bon lui semble dans ses vastes domaines, y compris
en matière de dogme. Il se permet donc d'insérer le mot
filioque dans le credo pour bien spécifier que le Saint-
Esprit ne procède pas seulement du Père, mais aussi du
Fils. (L'Orient y verra une preuve supplémentaire des
tendances hérétiques de l'Occident.) Le pape proteste
contre cette innovation, sans résultat. Il a tout de même
une consolation : quiconque aspire au titre impérial en

Occident doit désormais être sacré — donc approuvé — par lui.

Pendant des siècles après Charlemagne, le pape et l'empereur se disputeront la suprématie politique. Cet affrontement entre les glaives spirituel et temporel sous-tendra toutes les crises européennes jusqu'à ce que l'émergence de puissants États nationaux, au XVIe siècle, ne remise le premier au placard des anachronismes.

Avant de croiser le fer, le pape doit toutefois mettre de l'ordre dans sa propre maison. Vers 850, une collection en apparence très ancienne de missives papales et de canons conciliaires fait surface à Rome de la main d'un prélat francien. Elle tend à démontrer que le pape est la source de tout le pouvoir au sein de l'Église ; les évêques ne seraient que ses vicaires, ses représentants autorisés là où il ne réside pas. Le pape peut donc nommer ou déchoir qui il veut et annuler tous les jugements civils ou ecclésiastiques. En réalité, ces Décrétales d'Isidore de Séville sont un habile mélange de textes authentiques et de documents apocryphes, pour beaucoup invraisemblables et, en tout cas, contraires à la tradition primitive qui faisait de tous les évêques les codétenteurs du pouvoir apostolique. Elles n'en passent pas moins pour vérité d'évangile dès leur révélation. Ce sont elles, non le Nouveau Testament ou la Tradition, qui fondent les qualités extravagantes encore attribuées par le droit canon à l'autorité du pape sur les clercs et, en corollaire, sur tous les chrétiens : pleine (lisez absolue), suprême, ordinaire (entendez constante) et immédiate ! Deux siècles et demi après Grégoire le Grand, le pape ne se présente plus comme le serviteur d'autrui et un modèle de conduite (un ministre, disait Grégoire, non un maître), mais comme le souverain absolu du monde. Au moins en théorie.

Le premier à mettre la théorie en pratique est Nicolas Ier (858-867), dernier des trois évêques de Rome à avoir mérité le qualificatif de « Grand ». Il faut dire qu'il sait se faire obéir. Des archevêques habitués à faire à leur tête sont mis au pas ; l'empereur Lothaire doit renoncer à troquer sa femme stérile contre une concubine qui a fait la preuve de sa fécondité. Nicolas donne des leçons de conduite à l'empereur d'Orient et refuse de reconnaître la nomination, illégale selon lui, d'un patriarche de Constantinople aux ordres du *basileus*. Photios se venge en excommuniant le pape, mais Nicolas n'en saura rien : quand la nouvelle parvient à Rome, il a déjà rendu l'âme.

Cette querelle n'est pas une péripétie. Elle prépare le schisme qui rompra les derniers ponts entre les Églises d'Occident et d'Orient en 1054. Il y faudra encore deux siècles, mais déjà à l'époque de Nicolas, les deux branches de la chrétienté ne se comprenaient plus. La langue, la culture et la conception de l'autorité les avaient tellement éloignées l'une de l'autre qu'elles n'avaient rien à se dire.

Le siège romain retombe très vite dans les intrigues qui étaient son pain quotidien avant l'avènement de Nicolas. Les papes gênants sont liquidés ou encore, privés d'yeux, de nez, de langue, de lèvres ou de mains — dans un cas, de tous ces attributs à la fois. Dans cette litanie d'horreurs banales, le procès intenté par Étienne VI (896-897) à son prédécesseur mérite une mention spéciale. Pour éclairer le tribunal ecclésiastique (passé à l'histoire comme le synode du cadavre), le plaignant fit comparaître la dépouille pourrissante de Formose sur un trône, dans ses atours pontificaux. Le mort ayant été trouvé coupable de nombreux crimes, on lui coupa les deux doigts consacrés de la main droite et on le jeta dans les eaux glauques du Tibre, où reposent d'ailleurs un nombre non négligeable de papes. Étienne ne savoura pas longtemps sa revanche : après deux ans de règne, il était déposé, emprisonné et étranglé.

Malgré ces vicissitudes, le principe de la suprématie papale s'ancrait dans la mentalité médiévale. Près de mille ans après la mort du Christ, la plupart des privilèges revendiqués par la papauté lui étaient acquis : la tribune qu'utiliserait Jean XXIII pour parler au monde était en place. Restait à la consolider et à la décorer. Avant d'y arriver, le Saint-Siège allait toutefois subir une longue éclipse.

En attendant Trente

La papauté n'est sortie du bourbier des intrigues politiques qu'avec le concile de Trente, en 1545. C'est dire que pendant huit siècles — plus du tiers de son histoire — le « Saint »-Siège a été un pion sur l'échiquier européen, une proie facile pour les grands carnassiers romains, la victime impuissante de la vénalité de ses occupants, bref: tout, sauf un lieu édifiant. Comme le dit mélancoliquement le héros du *Guépard*, le grand roman de Giuseppe di Lampedusa sur la révolution italienne, les rois qui incarnent une idée ne peuvent pas déchoir pendant des générations; s'ils le font, l'idée pâtit. La déchéance de la papauté a été si durable et si profonde que l'historien est bien embarrassé de faire le tri dans ce dossier noir: faut-il parler de ce scandale-ci, taire cette abomination-là? Même le chercheur le plus consciencieux s'égare dans ce sinistre labyrinthe peuplé de maîtresses intrigantes, de neveux ambitieux, de familles aux dents longues. Ce pape-enfant appartient-il à ce clan-ci ou à celui-là? À quel pontife doit-on ce palais grandiose? Et ce nouvel impôt? Quels papes sont morts avant leur heure dans le lit de leurs débauches matinales?

Quelques réformateurs apparaissent çà et là dans cette galerie de réprouvés, mais aucun n'a pu ou osé prendre les mesures radicales qui s'imposaient. Léon IX (1049-1054), par exemple, fit de son mieux pour arracher le Saint-Siège aux griffes des clans romains. S'étant rendu à pied de son évêché alsacien de Toul jusqu'à Rome, il poursuivit son périple en Italie du Nord, en Allemagne et en France, organisant des synodes partout sur son passage pour lutter contre la simonie, l'investiture laïque et le mariage des prêtres (*a fortiori* le concubinage, qui était la solution de repli). À première vue, la simonie, sorte de mise aux enchères des charges ecclésiastiques, nous semble la seule faute vraiment grave dans le lot, mais il faut savoir que l'investiture laïque n'avait plus rien à voir avec l'élection du prêtre par ses fidèles, comme aux premiers temps : l'expression désignait la nomination des évêques et abbés par le pouvoir ducal, royal ou impérial.

Emporté par son zèle, Léon s'improvisa chef d'armée, rôle que d'autres papes reprendront après lui avec des résultats tout aussi désastreux. Ses troupes novices furent écrasées par les Normands en 1053, et lui-même tomba aux mains de ces redoutables guerriers qui venaient de chasser les musulmans du sud de l'Italie et auraient bien croqué l'État pontifical dans la foulée. L'empire byzantin (enfin, ce qui en restait) s'émut de l'intrusion papale sur des terres qu'il revendiquait toujours, et la malheureuse campagne militaire de Léon provoqua en prime la rupture définitive entre Rome, tête de l'Église « catholique », et Constantinople, foyer de la religion « orthodoxe ».

Quelques années après, Nicolas II (1059-1061) change le mode d'élection des papes. D'abord choisi par les prêtres et

les fidèles de son diocèse, l'évêque de Rome avait ensuite
été nommé par le suzerain de la cité, puis par son oligarchie mafieuse. Désormais, il sera élu par les sept cardinaux-
évêques des grands diocèses romains. Ce choix devra être
entériné par les cardinaux-prêtres et cardinaux-diacres de
la ville, puis confirmé par acclamation populaire. « Cardinal » (du latin *cardo*, qui veut dire « gond ») n'était qu'un
titre honorifique à l'époque, mais l'entrée en scène de ses
titulaires avait l'immense mérite d'en finir avec les investitures laïques et les vendettas politiques. C'est sur cette
pierre que repose le mode actuel de sélection du pape,
acclamation populaire en moins.

Le plus grand pape du Moyen Âge est Hildebrand, alias
Grégoire VII (1073-1085). Il avait subi l'influence de Cluny,
monastère fondé avec le soutien du duc Guillaume d'Aqui-
taine en vue de réformer la règle bénédictine. La charte
concédée par ce sage et généreux bienfaiteur plaçait
l'abbaye sous l'autorité directe du pape, hors d'atteinte
des pouvoirs locaux. Au lieu de comploter sans arrêt, les
moines se consacraient à de savantes réflexions sur la spiritualité et l'esthétique. Leur dévotion se nourrissait d'art,
d'architecture et de chant liturgique. L'ordre clunisien
exprimait sa foi dans la pierre et la prière. Il était bien le
seul à la pratiquer sérieusement.

C'est au moine Hildebrand que le clergé catholique doit
l'obligation de célibat encore appliquée de nos jours. Ce

décret contraire à une tradition millénaire réduisit du jour au lendemain les femmes des prêtres à de vulgaires putains et priva leurs enfants, devenus bâtards, de leurs droits à l'héritage paternel. Le souci de préserver le patrimoine de l'Église, grugé par les héritiers des clercs, a certainement pesé dans la balance papale, mais Grégoire avait d'autres motifs.

Jusque-là, le célibat n'avait jamais été une obligation inéluctable pour les serviteurs de Dieu. Le Nouveau Testament ne fait pas mystère du mariage de Pierre ni du rôle joué par sa femme dans son ministère. Les autres apôtres étaient également mariés. Dans son Épître à Tite, Paul recommande aux communautés chrétiennes de choisir comme prêtre le mari d'une seule femme — comprenez : et non de plusieurs. L'apôtre des gentils tient toutefois le célibat pour supérieur au mariage, sans doute par vocation (il n'aurait certainement pas voyagé autant s'il avait été encombré d'une famille), peut-être aussi par une espèce de féminisme avant la lettre : n'étant pas asservie à un homme, la femme célibataire pouvait plus facilement faire son salut. Là encore, Paul est un cas d'exception. Nous avons de bonnes raisons de croire que les évêques de Rome prenaient femme jusqu'au cinquième siècle (après quoi, ils se contentèrent de maîtresses pour éviter le scandale). Le glissement vers le célibat se fit très lentement, sous l'influence des moines-évêques, eux-mêmes marqués par un monachisme oriental imprégné des idées platoniciennes, en particulier de ce dualisme qui assimile le monde matériel (donc, le corps) à une prison de l'âme, un carcan dont on se libère par la répression, voire la négation des appétits charnels. Hildebrand eut beau faire, une bonne partie du clergé séculier persista dans ses errements matrimoniaux : au lieu d'une femme, les curés prirent une gouvernante, et leurs enfants se muèrent en neveux et nièces avec la complicité bienveillante de leurs paroissiens.

La suppression des investitures laïques était la clé de voûte de la réforme caressée par Hildebrand, mais elle impliquait de dépouiller les grands seigneurs — empereur, rois, princes — d'une prérogative dont ils jouissaient depuis fort longtemps. En 1075, Grégoire publie 27 décisions papales sous le titre *Dictatus papæ*. Si certaines sentent le réchauffé — notamment, celle qui fait du pape le juge d'appel suprême de la chrétienté, y compris en matière civile, et une autre qui interdit à quiconque de le juger — la plupart sont nouvelles. Et radicales. Par exemple : « Seul le pontife romain mérite d'être appelé universel. » (Grégoire le Grand dut se retourner dans sa tombe, lui qui avait catégoriquement refusé l'épithète !) Il peut donc déposer même un empereur et délier ses sujets de leur serment de fidélité. Personne d'autre que le pape n'a le droit de déposer ou d'absoudre un évêque, de modifier le droit canon, de convoquer un concile (contrairement à la tradition, encore une fois). Il a autorité sur tous les évêques, même réunis en concile ; ses légats ont préséance sur les autres prélats. Encore plus fort de café : l'Église romaine n'a « jamais erré » (à la trappe, Vigile et consorts) et « ne pourra jamais errer ». Enfin, le pape est sanctifié par ses fonctions.

Aucun pontife romain n'a essayé de déposer un empereur depuis belle lurette. Pour le reste, les décisions de Grégoire conservent valeur de dogme, malgré leur caractère manifestement inventé. La curie n'ignore pas ce qu'elle récolterait à présenter le pape comme un saint, mais c'est un peu ce qu'elle suggère en demandant à ses interlocuteurs, quelle que soit leur opinion en matière de foi, de l'appeler Sa Sainteté ou encore Saint-Père. En vérité, tout ce qui manque au *Dictatus* pour faire du pape un dictateur, c'est une double exclusivité : celle de la nomination des évêques (que Grégoire VII n'aurait jamais pu faire avaler aux multitudes de seigneurs, de chanoines et d'édiles municipaux dont c'était le privilège et qui le savaient fort bien) et, bien sûr, celle de l'infaillibilité. Chaque chose en son temps.

Hildebrand doit sa gloire à l'humiliation publique d'Henri IV à Canossa, un village des Apennins qui appartenait à la comtesse Mathilde de Toscane. Le roi de Germanie et empereur germanique y passa trois jours entiers à attendre dans la cour du château, pieds nus dans la neige et en simple chemise, que le pape daigne statuer sur son sort. Il avait un casier judiciaire chargé : nomination unila-térale au siège de Milan et résistance acharnée à l'autorité papale. Henri avait obtenu des évêques allemands et lom-bards la déposition de Grégoire, mais une série de revers politiques, notamment la désertion de certains prélats et seigneurs indociles, l'avait forcé à quémander son pardon. La mortification infligée au plus grand monarque chrétien aura sur les catholiques du Moyen Âge un impact compa-rable à celui de la rencontre entre Léon le Grand et Attila sur les chrétiens des temps barbares.

Hildebrand pardonna — à contrecœur. Peu après, la chance tournait, et il devait s'exiler à Salerne. Il y mourut maudit par les Romains qui ne pardonnaient pas, eux, à l'homme dont ils avaient tant admiré les nerfs d'acier d'avoir par son obstination attiré sur leurs têtes un mal-heur encore pire que la colère de l'empereur : la rapacité sanguinaire des Normands. Ces dangereux alliés faillirent raser la ville, mais il en fallait plus pour ébranler Grégoire. « J'ai aimé la droiture et j'ai haï l'iniquité, devait-il déclarer, reprenant à son compte l'exhortation du psaume 45. C'est pourquoi je meurs en exil. »

Cet homme dont le Vatican révère la mémoire n'a pas exactement le profil d'un pasteur, mais force est d'admettre qu'il n'avait guère le choix. À son époque, le pouvoir était territorial par essence ; le principe du *Cujus regio, ejus religio* (tel prince, telle religion) s'appliquait longtemps

avant la Réforme. Pour éviter d'être réduit au rôle de cha-
pelain de l'empereur germanique ou d'un prince italien, le
pape devait invoquer des prérogatives échappant à la puissance temporelle. La société n'avait pas encore inventé le
concept des droits fondamentaux; l'arbitraire seigneurial
n'avait donc pas de limites. On voit mal comment Hildebrand aurait pu faire valoir la primauté du royaume spirituel d'une autre manière. Que serait son Église devenue s'il
avait placé la Crosse sous la tutelle du Sceptre comme l'exigeait Henri ?

C'est dans ce contexte qu'il faut interpréter l'étonnante
revendication d'un proche successeur d'Hildebrand. Le
pape était considéré depuis longtemps comme le vicaire de
Pierre, c'est-à-dire son remplaçant. Pierre, croyait-on, avait
été l'évêque d'autres villes, notamment Antioche, avant de
venir à Rome, mais c'était de l'histoire ancienne : les liens
avec Antioche et Alexandrie étaient rompus. Poussé par les
froides nécessités de la *realpolitik* européenne, Innocent III
(1198-1216) prit sur lui de réécrire cette histoire : oui, le
pape est le successeur de Pierre, mais il n'est pas son
vicaire, ni celui d'aucun homme ou apôtre. Il est le vicaire
de Jésus-Christ en personne.

Le chrétien d'aujourd'hui reste médusé devant cette
prétention qui escamote aussi bien la promesse du Christ
aux apôtres (« je suis avec vous tous les jours jusqu'à la fin
du monde ») que le rôle de l'Esprit saint. Il faut toutefois

admettre que rien ne pouvait mieux justifier la primauté de l'ordre spirituel sur les médiocres préoccupations temporelles. L'identification de cette suprématie à un homme était sans doute inévitable dans une société si peu douée pour l'abstraction qu'elle devait l'incarner dans certaines figures consacrées comme les rois et les évêques. Les rois se confondaient avec leur pays et s'adressaient les uns aux autres par ce seul nom : Angleterre, France… Si chaque royaume temporel avait figure humaine, pourquoi pas le royaume spirituel ? Le Christ n'étant plus visible, le pape était le prétendant naturel au titre.

La concentration des pouvoirs mise en branle par Hildebrand a pour effet premier de multiplier les motifs de corruption : plus nombreuses les décisions et nominations soumises à Rome, plus nombreuses les pattes à graisser. La bourse papale s'arrondit un peu à chaque étape. On peut comparer la situation à celle qui prévaut actuellement en Afrique. Les chefs d'État y sont souvent d'anciens chefs tribaux, les citoyens, des analphabètes incapables de déchiffrer les arcanes de la politique ou de peser sur son cours. Kofi Annan, secrétaire des Nations unies, a tracé ce tableau désabusé de son continent d'origine : « Il faut un permis pour tout. La personne qui le délivre veut une enveloppe. Celle qui prend le rendez-vous aussi. Et ainsi de suite. » Le Saint-Siège pratiquait largement le trafic de permis (sans oublier la taxation des bénéfices épiscopaux et autres), mais il ne s'en cachait nullement : il publiait ses tarifs. Et il était gourmand. Jusqu'à la réforme de Vatican II, une annulation de mariage entraînait une telle cascade de frais que seuls les riches en avaient les moyens.

Les papes tirent également profit des croisades qu'ils prêchent au nom de la chrétienté. Comme toutes les guerres, ces expéditions de conquête font couler des fleuves de sang innocent, d'autant plus abondamment qu'aucun scrupule ne retient le bras des croisés : comme auxiliaires du pape, ils bénéficient de l'immunité pontificale s'ils rentrent chez eux et d'une indulgence plénière s'ils meurent au combat.

Le règne d'Innocent III, à la charnière des XIIe et XIIIe siècles, marque l'apogée du pouvoir pontifical au Moyen Âge. Ce pape-là n'avait pas son pareil pour extorquer aux rois de durables concessions (sur les nominations ecclésiastiques, notamment) en échange d'un soutien épisodique à leur cause. C'est un troc de ce genre qui l'amena à condamner la Grande Charte — première ébauche de régime parlementaire arrachée par les barons anglais au roi Jean sans Terre — sous prétexte qu'elle empiétait sur les prérogatives du souverain élu de Dieu.

Innocent était un pape comme ne les aimait pas Bernard de Clairvaux, « couvert de bijoux, vêtu de soie, couronné d'or, monté sur un palefroi blanc ». Que cet homme mondain et cynique (en témoigne le nom qu'il s'était choisi) ait pu bénir la soif de pauvreté absolue d'un saint François d'Assise ne laisse pas d'étonner, mais cet esprit lucide pressentait sans doute que les réformateurs comme Bernard, François, Pierre Damien et Hughes de Cluny étaient la planche de salut de son Église. Il avait rêvé que la basilique du Latran — *sa* cathédrale, siège symbolique de son autorité — était sauvée de l'effondrement par le bras du *Poverello*, le petit pauvre d'Assise. Ce songe persuada le resplendissant pontife d'autoriser la formation d'une compagnie de mendiants en bure grise qui deviendront les franciscains et se feront reconnaître à deux consé-quences de leur singulière imitation de la vie de Jésus : une puissante odeur corporelle et un nuage de mouches. Dans un monde où une image valait tous les mots puis-que presque personne ne savait lire, ce mode de vie était le témoignage le plus percutant qui se pouvait donner des errements de la papauté. À peine deux ans après sa mort, François sera canonisé par Grégoire IX (1227-1241), neveu d'Innocent III.

D'où on apprend que le pouvoir de sanctifier, long-temps reconnu à ceux et celles qui avaient été témoins de la vie et des vertus de l'élu(e), était, comme tant d'autres, passé aux mains du pape. Ce transfert s'inscrit dans une phénoménale expansion du droit canon qui réserva une longue liste de pouvoirs au pape, à l'exclusion non seule-ment des princes et des rois, mais aussi des évêques et des prêtres. Entreprise par Innocent III et achevée par son successeur, cette révision n'oubliait pas les simples fidèles, qui furent exclus d'à peu près toutes les activités auxquelles ils avaient coutume de participer depuis les débuts du christianisme.

Le pontificat d'Innocent III est irrémédiablement souillé par les horreurs de ses croisades, particulièrement celle qu'il lança contre les cathares du Languedoc, dite croisade des albigeois. Le pape avait promis l'indulgence plénière aux croisés, et ils s'en donnèrent à cœur joie, massacrant sans distinction hommes, femmes et enfants. La foi cathare était austère, assez proche de celle des franciscains, mais elle avait le tort de nier l'efficacité des sacrements. Outré par cette hérésie, Innocent estima qu'il fallait exterminer ses adeptes pour empêcher sa propagation, comme on tue des rats porteurs de peste. Son successeur Honorius III (1216-1227) reprit la thèse à son compte et en confia l'application à l'Inquisition. Comme toutes les institutions relevant directement du Saint-Siège, ce tribunal avait préséance sur les instances locales, ce qui lui permit d'emprisonner, de torturer et d'exécuter en toute impunité. C'est encore à Innocent qu'on doit la quatrième croisade d'Orient. Au lieu de délivrer Jérusalem, elle attaqua la ville chrétienne de Constantinople. Les Grecs orthodoxes y furent massacrés avec autant de ferveur que les hérétiques de France et de Navarre quelques années plus tard.

Innocent III était autoritaire, mais efficace, et il connaissait ses limites. Boniface VIII (1294-1303), le dernier
pape du XIIIe siècle, n'a conscience de rien, hormis sa propre importance. Ce mégalomane fait dresser des statues de
lui partout, à la façon des empereurs romains dont il a
adopté la tenue. Il substitue à l'ancienne couronne conique
à diadème unique, symbole du seul pouvoir ecclésiastique,
la tiare représentant les pouvoirs spirituel, juridique et
temporel. Le modèle a servi jusqu'à ce que Paul VI décide
de vendre la sienne et distribue l'argent aux pauvres. Juriste
canonique réputé avant son élection (peut-on imaginer
pire préparation pour un pasteur que cette perpétuelle
absorption dans les minutes du droit?), Boniface se révèle
doué pour la finance après. L'année jubilaire qu'il proclame
— la première d'une longue série — amène tant de pieux
pèlerins à Rome que les sacristains passent, selon un
témoin oculaire, *notte et giorno… con in mano rastrelli et
raccoglievano… senza fine* (la nuit et le jour… le râteau à la
main à ramasser… sans fin) les offrandes des fidèles. La
machine à indulgences tourne à plein régime : quiconque
contribue à la vendetta du pape contre la puissante famille
Colonna bénéficie d'une remise de tous ses péchés!

Fortement soupçonné d'athéisme et de pédérastie, haï
de ses contemporains, cet homme immonde se voit réser-
ver par Dante une place d'honneur dans l'*Enfer* : un trou
où il sera enfoui la tête la première tandis que la plante de

ses pieds brûlera pour l'éternité. Dans sa bulle (du latin
« bulla » qui veut dire sceau) *Unam sanctam*, il avait statué :
« La soumission de toute créature au pontife romain est
nécessité de salut. » Non content de dépouiller ses ouailles
de leurs biens, il voulait leur voler leur libre arbitre. C'est
qu'il connaissait ses ennemis. Sa bulle *Clericis laicos* cons-
tate « l'hostilité des laïques à l'égard du clergé ». On se
demande pourquoi.

Jean XXII, qui règne de 1316 à 1334, se prend pour le
Messie, mais pas au point de renoncer à son immense fortune : il proclame donc que Jésus et ses apôtres n'étaient
pas vraiment pauvres. Comme sa thèse ne colle pas bien
avec celle des franciscains, il excommunie les membres de
l'ordre les plus détachés des biens de ce monde, les « spirituels ». L'Inquisition part en chasse et livre aux flammes
quatre inoffensifs religieux. Jean XXII s'aliène ainsi l'ordre
franciscain tout entier, y compris le plus fin des écrivains
de son temps : le philosophe Guillaume d'Occam.

La plume est plus dangereuse que l'épée. Celle d'Occam
fait de féroces ratures dans le brouillon papal, tant et si bien
qu'à sa mort, Jean est tenu dans toute l'Europe pour un pape
hérétique ! Je ne voudrais pas exagérer l'importance d'Occam dans cette affaire. À une époque où les livres étaient
aussi rares que leurs lecteurs, ses écrits n'ont pas dû peser
bien lourd. Jean XXII s'est probablement perdu en prê-
chant une idée qui contredisait trop manifestement les

Saintes Écritures. « Le renard a sa tanière, les oiseaux du ciel ont leur nid, mais le Fils de l'homme n'a pas une pierre pour y reposer sa tête. » Jésus lui-même avait dit qu'il était pauvre. Vicaire de qui on voudra, le pape ne pouvait pas contredire la parole du Christ, tout de même.

Jean XXII n'était pas domicilié à Rome, mais en Avignon, ville du midi de la France où son prédécesseur avait émigré. Les fulminations bonifaciennes n'avaient pas réussi à conjurer la réaction nationaliste contre son régime autocratique. Leur auteur avait subi tant d'avanies de la part des troupes de Philippe le Bel, monarque rebelle à toute forme de tutelle, qu'il en était mort prématurément. (Réfugié dans sa ville natale, au sud de Rome, Boniface y avait été giflé en public par une femme : le célèbre *schiaffo d'Anagni* — le soufflet d'Anagni — est un cas unique dans les annales de la papauté.)

La puissante monarchie française avait convaincu son successeur de se réfugier en Avignon. Les papes y passeront soixante-dix années d'une captivité dorée, logés dans des villas splendides et surtout préoccupés de la gestion — excellente, soit dit en passant — de leurs domaines. Le festif Clément VI (1342-1352) raillera les anciens pontifes romains qui « ne savaient pas vivre comme un pape ».

Le seul mérite, si l'on peut dire, des papes avignonnais — tous Français, comme de juste — c'est d'avoir transformé la curie (cour papale) en véritable bureaucratie avec

ses ministères (les dicastères) et un tribunal chargé d'ins-
truire les demandes d'annulation de mariage (la rote). Leur
construction tient toujours debout. Une grande sainte
brille au firmament de cette « deuxième captivité de Babylone » : Catherine de Sienne, mystique et enjôleuse, capable
d'appeler le pape *dulcissimo babbo mio* (petit papa très
chéri) dans une lettre, puis de courir au palais pour tancer
le vilain garçon qui refuse de lui obéir et de rentrer à Rome.

Ce retour ne fait qu'accélérer la dégénérescence de la
papauté. L'Église acquiert deux têtes, puis trois : une à
Rome, une autre à Avignon, la dernière itinérante. Ce
Grand Schisme d'Occident est le fruit d'une élection malheureuse. Les cardinaux appelés à choisir le pape au retour
d'Avignon ont désigné un fou furieux en la personne
d'Urbain VI (1378-1389). S'ensuit un méli-mélo de 40 ans
qui mystifie tout l'Occident et achève de ruiner le prestige
papal, déjà très entamé par ses soixante-dix années d'exil
avignonnais. L'opinion est unanime : la chrétienté mérite
mieux.

La solution évidente, c'est celle des orthodoxes : faire de
l'assemblée plénière des évêques l'arbitre ultime de l'Église.
N'est-ce pas un concile, celui de Constance, qui a mis fin
au schisme en persuadant les trois papes concurrents de se
démettre au profit d'un nouvel élu, Martin V (1417-1431) ?
Certains vont plus loin. Occam, par exemple, affirme que
l'autorité suprême n'appartient ni au pape, ni à l'épiscopat,

mais à l'ensemble des fidèles parce que le pouvoir de lier et de délier n'a pas été conféré à Pierre, mais à l'Église entière. La communauté des croyants serait donc libre de s'organiser et de déléguer l'autorité selon son bon vouloir. Inspirée de certaines expériences républicaines du bas Moyen Âge, cette théorie correspond beaucoup mieux que la thèse théocratique médiévale au fonctionnement de l'Église depuis l'époque apostolique jusqu'à Grégoire le Grand.

Les Pères du concile de Constance sont tous des évêques ; ils n'ont pas envie de renoncer à leurs prérogatives. Ils aspirent plutôt à ce qu'ont obtenu les barons anglais avec la Grande Charte : brider le pouvoir du souverain à leur profit exclusif. Ils décrètent donc la tenue d'un concile œcuménique à intervalles réguliers, tous les cinq ou dix ans, par exemple, puis rentrent chez eux, ayant rogné les pouvoirs et les revenus de la papauté, mais négligé de prévoir une procédure de convocation. Le pape n'aura besoin que de faire le mort.

Dans un accès de zèle prétendument purificateur, le concile a condamné un saint homme, un authentique réformateur : Jan Hus. Lourde faute qui déconsidère l'Église catholique en Bohême — et, aujourd'hui encore, en République tchèque. Hus proposait de laisser les laïques communier sous les deux espèces, lire la Bible dans leur langue et participer aux affaires ecclésiastiques. Il voulait un clergé aux mœurs pures, formé à la prédication et à l'enseignement. Rien d'extravagant, somme toute, et certainement pas de quoi justifier le bûcher sur lequel il fut brûlé vif après qu'on l'eut traîtreusement attiré à Constance avec la promesse d'un sauf-conduit garanti par l'empereur lui-même. Les flammes qui illuminèrent la place de Constance cette nuit-là annonçaient l'un des grands bouleversements de la Renaissance : la Réforme protestante.

Cette renaissance culturelle, la ville saccagée et ruinée de Martin V va en profiter largement. Incapable de passer de la théorie à la pratique, le mouvement conciliaire a été prestement effacé des mémoires par le vent frais de l'humanisme, qui remet au goût du jour l'art et la littérature de l'Antiquité païenne. Le premier pontife à s'inscrire dans ce courant est Nicolas V (1447-1455). Son art à lui s'appelle diplomatie. Ayant accru sa liberté d'action et ses revenus grâce à une série d'alliances, il décide de se faire mécène. Le Latran est en pleine décrépitude. Il s'installe au Vatican, le rénove de fond en comble, restaure dans la foulée le château Saint-Ange et les bâtiments du Capitole, puis confie la décoration de sa nouvelle demeure à Fra Angelico. Porté par la vague d'euphorie qui balaie une Italie en transe devant la splendeur de son passé, Nicolas se donne un objectif précis : affirmer la foi des humbles en manifestant la puissance papale dans des bâtiments majestueux et des monuments impérissables. Alors, croit-il, le monde entier reconnaîtra et révérera la papauté. Il monte donc un sompteux décor dont tous ses successeurs devraient lui être reconnaissants.

Les papes suivants sont si épris de la nouvelle religion humaniste que l'ancienne en prend pour son rhume. De certains on se demande encore s'ils étaient chrétiens ou païens. Alexandre VI (1492-1503), le fameux Borgia, fait décorer ses appartements de fresques sur les mystères d'Osiris pour plaire à une maîtresse, compose un scénario digne d'un opéra pour se débarrasser des frères Médicis (lieu : le *duomo* de Florence ; temps : la grand-messe) et légitime sans sourciller neuf enfants naturels. Les filles sont données à des princes italiens, les garçons, dotés de duchés découpés dans les domaines pontificaux. L'un d'eux, César, servira de modèle au *Prince* de Machiavel.

Dans les documents de la curie, Dieu devient Jupiter, le pape est son consul, et Marie s'appelle Diane. Écrits dans un latin boursouflé inspiré de la rhétorique verbeuse du Bas-Empire, souvent incompréhensibles à force de préten-tion, ces textes exsudent à l'endroit du « Pontife suprême » une obséquiosité qui devait exaspérer les lecteurs de l'épo-que autant que ceux d'aujourd'hui. Pierre serait sorti de son tombeau sous la basilique qu'il n'aurait sûrement pas reconnu son Église dans cette troupe de sycophantes orien-taux. Le mal frappe aussi les rites et la correspondance. De là date la pomposité allusive et tarabiscotée qui caractéri-sera les discours du pape jusqu'à Pie XII inclusivement :

phrases interminables, presque toujours au passif, paragra-
phes encombrés de métaphores, truffés de sous-entendus…
Un style de cul-bénit déguisé en empereur, aux antipodes
de la vigueur et des thèmes bibliques, hermétique à qui
n'en possède pas la clé.

Le plus stupéfiant des papes de la Renaissance est sans
contredit Jules II (1503-1513). *Il Terribile* possède une car-
rure d'athlète qui fait grande impression quand il mène
une charge dans son armure d'argent. D'accord, il n'est pas
le premier pape guerrier de l'histoire, et il est plus désinté-
ressé qu'Alexandre VI. S'il livre tant de batailles, c'est entre
autres pour récupérer les terres pontificales que le Borgia
avait distribuées à sa progéniture mâle. Lorsque Jules ren-
dra son âme à Dieu, les Français auront évacué l'Italie, et
l'État pontifical s'étendra presque jusqu'aux Alpes.

Cet homme impérieux fait du mécénat comme tout le
reste : sans mesure. Michel-Ange perpétuera son caractère
intempérant dans le Moïse qu'il destinait à son mausolée
(et que des successeurs jaloux exileront à Saint-Pierre-aux-
liens). Jules passe aussi commande d'une nouvelle basilique pour remplacer celle de Constantin, au bord de
l'écroulement. Sa construction durera 50 ans, mais elle
s'offre encore à l'admiration des foules. À son avènement,
Jules avait trouvé le trésor du Vatican à sec. Il l'a reconsti-
tué — car il est aussi un homme d'affaires avisé — mais les
recettes ordinaires ne suffiront pas pour payer la merveille

dont il rêve. Qu'à cela ne tienne : on vendra des indulgences. C'est ainsi que la construction de Saint-Pierre de
Rome, symbole suprême de la puissance papale, devint la
cause immédiate du plus grand défi lancé à son autorité.

Venu en pèlerinage à Rome, le jeune Martin Luther
avait été scandalisé par l'indifférence et le matérialisme du
haut clergé : le cœur même de l'Église était donc pourri !
Luther n'était pas seulement un moine scrupuleux. Dans le
désert théologique de son époque, la vigueur et l'inventi-
vité de ses écrits faisaient sensation. Pour la ferveur, il ne
craignait personne. Après mûre réflexion, il décréta que la
religion telle que pratiquée par l'Église était une escroque-
rie. Les distributrices automatiques n'existaient pas en ce
temps-là, mais elles nous fournissent une métaphore parfaite pour le trafic des indulgences : glissez-y une pièce (ou
une prière), et la machine vous absout de tout ou partie de
vos fautes. Vous pouvez même la faire marcher au bénéfice
d'un proche soumis à l'heure qu'il est aux tortures du
purgatoire. En achetant une indulgence en son nom, vous
raccourcissez la durée de sa pénitence. Comment pourriez-
vous lui refuser cette miséricorde (surtout que vous aidez
ainsi le souverain pontife à construire sa belle basilique) ?
Pour Luther, le salut n'était pas à vendre.

Quiconque étudie cette période de crise intellectuelle et
morale doit admettre que le moine avait raison et que le
pape avait tort. On peut retourner l'affaire dans tous les

sens, plaider que Luther était trop sensible, trop ingénu, trop belliqueux, trop anxieux de « tuer le père » ; ou encore que Léon X (le successeur de Jules II) ne connaissait rien à la théologie, ne s'intéressait qu'à ses petites combines politico-financières et était particulièrement obtus, même pour un pape ; bref, on peut dire ce qu'on voudra, quelqu'un devait chasser les vendeurs du Temple et y laisser rentrer Jésus. S'il ne voulait pas finir comme Jan Hus, ce quelqu'un avait intérêt à être bien armé et accompagné. Les armes de Luther étaient les idées qu'il jetait comme des gants au visage d'un adversaire avachi, totalement pris au dépourvu. Ses compagnons furent les princes allemands qui se joignirent à lui par conviction ou pour s'enrichir aux dépens de l'Église. Luther apprendra vite les manières du monde et saura user de ces alliés intéressés avec une finesse remarquable.

La thèse d'un obscur théologien de province engendre ainsi une contestation radicale du système. De critique en accusation, les positions des deux camps se durcissent, la rhétorique enfle, et tout rapprochement devient impensable. Le pape traite Luther de lépreux et de fils de chienne, dénonce ses textes hérétiques, scandaleux, odieux aux oreilles pieuses. Luther assimile le pape à la grande prostituée de Babylone et à l'Antéchrist annoncé par l'Apocalypse. Désespérant de réformer une institution aussi viciée, il en vient à nier l'intervention du Christ dans la fondation de l'Église. Elle et son chef sont le fruit d'accidents historiques, non de la volonté divine. Et comme les clercs se sont toujours montrés de piètres directeurs de conscience, les fidèles doivent s'en remettre exclusivement à l'Écriture sainte, seule autorité incorruptible en matière de foi. Corollaire : il faut traduire la Bible dans la langue du peuple. Luther s'en charge pour l'allemand. Tâche herculéenne, mais richement récompensée, car une invention récente permet de diffuser très largement la traduction (et les tracts luthériens) même dans les couches les plus humbles de la population. L'impact de l'imprimerie sur les Européens de la Renaissance peut se comparer à celui d'Internet sur les peuples soumis à la dictature : elle privait le tyran du monopole de l'information.

Rares sont les théologiens catholiques qui dénonceraient les principales assertions de Luther de nos jours. Il en va autrement de ceux qui marchèrent dans ses traces. Autour des territoires acquis au luthéranisme — l'Allemagne, la Scandinavie et, à partir du XVIIe siècle, l'Angleterre où s'instaure un anglicanisme très proche du catholicisme — des variantes de christianisme passablement plus hétérodoxes voient le jour. Celle qui domine actuellement la constellation protestante est l'œuvre d'un homme beaucoup plus dur que Luther. Jean Calvin entend faire de Genève une communauté chrétienne idéale et y pourchasse le vice en public comme en privé. Danser, chanter (surtout si les paroles écorchent Calvin), dire la bonne aventure se paient de lourdes amendes, voire d'un séjour en prison. L'adultère est puni de mort. Rire pendant un sermon vous attire les pires ennuis. Cas unique dans la chrétienté, la ville de Calvin n'a pas un seul théâtre, et la prostitution qui faisait sa fortune n'y a plus droit de cité. La théologie du « pape de Genève » n'est pas consolante. Dieu y apparaît si différent, si distant, que sa volonté échappe à l'entendement. Les tentatives de « domestication » des catholiques — rites, images, sacrements, culte des saints — sont de pures abominations. Dieu n'admet aucune média-tion de ce genre (pas même la célébration de Noël), car Il a prédestiné chaque être au salut ou à la damnation de toute éternité. Il n'est rien que nous puissions faire pour infléchir le sort. Faut-il préciser que la vie n'était pas drôle à Genève ?

Le tronc calviniste n'en produit pas moins quantité de rejetons : réformés hollandais, presbytériens écossais, huguenots français, puritains anglais. Irrités par le fort par-fum de catholicisme de l'Église anglicane, ces derniers transplanteront leur rameau en Nouvelle-Angleterre. L'im-primerie aidant, la polémique religieuse entre les frères ennemis de la chrétienté occidentale dégénère en propa-gande haineuse. Les protestants accusent les catholiques de paganisme et de satanisme ; leurs pratiques religieuses seraient de la magie noire. Les catholiques considèrent les protestants comme les émules d'Adam : des rebelles dont la coupable désobéissance a plongé une chrétienté heureuse dans les affres de la division. Ni les uns ni les autres ne sont prêts à admettre que l'ennemi reste tout de même chrétien. C'est dans ce contexte que les réformateurs demeurés fidèles à l'Église catholique entreprennent de corriger ses excès.

Les protestants n'étaient pas les seuls à réclamer un grand ménage. Leur révolte et, surtout, leur succès interdisent à l'Église de temporiser davantage. Ce n'est pas du pape que vient l'impulsion originelle (doit-on s'en étonner ?), mais d'un petit groupe de personnalités d'exception dont l'action revivifie l'orthodoxie médiévale, assainit la vie ecclésiastique et ouvre de nouveaux horizons à l'apostolat. Le premier de ces grands réformateurs s'appelle Ignace de Loyola. D'origine basque, ce soldat de carrière devient le général d'un nouvel ordre religieux à la discipline toute militaire, voué au service exclusif du Saint-Siège : la compagnie de Jésus. Ces jésuites sont remplis d'un tel zèle missionnaire qu'ils se dispersent aux quatre coins de la terre (le modèle du genre est saint François Xavier, évangélisateur de l'Inde, de la Malaisie et du Japon, qui mourut aux portes de la Chine). Pendant ce temps, leurs camarades basés en Europe détruisent les foyers hérétiques avec l'efficacité de nos bombes intelligentes. L'Italie contribue au renouveau avec les souriants oratoriens de Philippe Néri.

En Espagne, Thérèse d'Avila et Jean de la Croix réforment le Carmel. La branche francophone du mouvement est animée par François de Sales, évêque et homme d'esprit qui réussit à ramener bon nombre de ses ouailles genevoises au bercail catholique et incite Jeanne de Chantal à fonder la Visitation. À ses côtés rayonne le bon Vincent de Paul, inspirateur de la Société des Prêtres de la Mission et créateur, avec Louise de Marillac, de la première congrégation de religieuses non cloîtrées, les Filles de la Charité. Ces grandes figures deviendront les saints patrons d'un catholicisme revitalisé, et leurs congrégations donneront l'exemple, encore suivi aujourd'hui, d'un clergé sérieux, zélé, pieux et chaste jusqu'à la pruderie. Sa seule indulgence sera l'édification de somptueux sanctuaires baroques ruisselant de l'or du Nouveau Monde.

Le Nouveau Monde, ces réformateurs en rêvent. S'ils ont repris quelques morceaux d'Europe aux protestants — la Pologne, la France, une partie de l'Allemagne et des Pays-Bas, plus la Bohême, mais contre son gré — ils savent que l'avenir est ailleurs. Du début à la fin du XVIIe siècle, les missionnaires seront tous catholiques. En enracinant leur foi en Amérique latine et en Afrique, ces nouveaux apôtres ont assuré à leur Église un avantage numérique durable sur ses rivales chrétiennes. Il y a 250 millions d'orthodoxes dans le monde, 400 millions de protestants et 350 millions de chrétiens inclassables. Les catholiques sont 1,1 milliard.

La papauté met du temps à rejoindre son avant-garde. Aveuglés par la splendeur du décor romain, les pontifes s'obstinent à singer les princes de la Renaissance. Paul III (1534-1549), qui met autant de zèle à protéger les arts que sa propre nichée, commence par rétablir l'Inquisition. Bien secondé par la Congrégation de l'Index, qui dresse la liste de tous les livres dont la possession ou la lecture justifie une petite conversation avec l'inquisiteur local, ce sinistre bras armé du pape réussira à extirper l'hérésie d'Espagne et d'Italie, mais pour le progrès, il n'est pas vraiment outillé. En désespoir de cause, le pape se résout à convoquer un concile, d'assez mauvaise grâce, car il est hanté, comme tous les pontifes, par le vieux fantôme conciliaire. L'auguste assemblée se réunit à Trente, dans les Alpes italiennes. Elle fait pâle figure avec sa petite trentaine d'évêques, et elle avance à l'allure de l'escargot (elle siégera de 1545 à 1563), mais elle finit par accoucher d'une « Contre-Réforme » donnant au catholicisme la forme qu'il conservera jusqu'au deuxième concile du Vatican, celle-là même que les conservateurs finiront par croire immuable.

Pour tout ce qui concerne le clergé et, particulièrement, les mœurs des prélats, Trente marque un réel progrès. Les membres des ordres religieux sont astreints à une formation sérieuse et à une règle stricte. Appliquée au pied de la lettre, elle supprimera les signes visibles de laxisme sexuel et de matérialisme qui scandalisaient les fidèles depuis des

siècles. Les papes n'oseront plus élever leurs bâtards au
rang de cardinal (ils en auront encore pendant quelques
décennies). Pour tout le reste, la « réforme » tridentine est
une riposte rétrograde au protestantisme. Elle contredit
Luther point par point. La Tradition est source de vérité à
l'égal des Saintes Écritures. Le salut ne dépend pas seulement de la foi, mais aussi des œuvres. La constitution de
l'Église est monarchique de par la volonté divine (les laïques n'ont que le droit d'obéir). Le Christ a institué sept
sacrements (ni plus, ni moins). Seul un prêtre dûment
ordonné peut opérer la « transsubstantiation » qui fait du
pain et du vin le corps et le sang du Christ durant le sacrifice de la messe, sacrifice qui ne saurait être appelé « Cène »
et ne peut être célébré que dans la langue latine bénie de
Dieu (mais inintelligible à ses fidèles). Sur toutes ces questions, un compromis aurait pu être cherché, peut-être
même trouvé, car depuis Vatican II, on sait que les divergences tiennent plus au vocabulaire qu'au dogme, mais
voilà : quarante-sept ans avaient passé depuis la diffusion
des thèses de Luther, et l'Europe occidentale était divisée en
deux camps retranchés. La mission du concile était de démontrer que l'Église catholique n'avait jamais erré — les
faiblesses de certains de ses membres ne comptant pas —
et il l'accomplit sans faire de quartier, ce qui ne lui était, du
reste, pas demandé.

Le pape dans sa tour d'ivoire

Dépouillés par la dissidence protestante de leur suprématie universelle (pour les Européens, le monde s'arrêtait aux frontières de leur continent), les papes mettront un point d'honneur à régner sans partage dans leur propre maison. Le très déplaisant Paul IV (1555-1559) consacre son pontificat à pourchasser les hérétiques (avant son élection, il s'était fait la main sur Ignace de Loyola, le plus loyal soldat de l'Église) ; il y met un tel zèle que quelques cardinaux échouent en prison. Privés de la traditionnelle protection du Saint-Siège, les juifs romains sont parqués dans un ghetto, contraints de vendre leurs biens et de jeter au feu leurs livres sacrés. Pie V (1566-1572), un dominicain qui lance la mode des papes blancs, excommunie Élizabeth d'Angleterre, délie ses sujets de leur serment d'allégeance et exige qu'ils renient leur reine. Il ne réussit qu'à aggraver le préjugé anglais à l'encontre des catholiques et à rendre la vie infernale à ses dernières ouailles britanniques. Sixte V (1585-1590) excite les souverains catholiques à attaquer les États protestants et montre l'exemple en finançant l'Invincible Armada ; il les dresse aussi contre leurs propres sujets réformés, ce qui lui vaudra beaucoup d'émules parmi ses successeurs. Les nouveaux évêques se voient intimer l'ordre de venir à Rome pour baiser la mule pontificale avant de prendre possession de leur diocèse et de s'y présenter périodiquement pour faire rapport de leur gestion. Tout le pouvoir semble ainsi émaner du Saint-Siège. Jadis souveraine, l'assemblée des fidèles est réduite à l'impuissance.

Dans son pré carré romain, Sixte Quint fait mettre à mort tout religieux ayant violé le vœu de chasteté (un comble quand on songe à la conduite des papes antérieurs) et réclame le même châtiment pour les adultères (le Christ avait tort). On murmure qu'il y a plus de têtes empalées sur le pont Saint-Ange que de melons au marché. Jadis circonscrite à Genève, l'inflexibilité doctrinale fait tache d'huile dans une Europe travaillée par la peur du changement. Même l'Amérique est contaminée. Partout, les monarchies mettent le bûcher, l'échafaud et le billot au service de leur absolutisme.

Malgré tout, derrière sa façade despotique, le pouvoir le plus divin de tous se lézarde de manière imparable. Richelieu, l'éminence rouge du roi de France et le Kissinger de son temps, est tout disposé à baiser les pieds du pape... pour mieux lui lier les mains. Comme lui, les puissances catholiques rendent hommage au pontife, mais n'écoutent que leur intérêt — et se font la guerre plus souvent qu'à leur tour. C'est à un pape de cette époque, le belliqueux Urbain VIII (1623-1644), que l'Église doit la pire sottise de sa longue histoire: la condamnation de Galilée pour avoir osé se mêler de questions dépassant sa compétence en affirmant que la Terre tournait autour du Soleil et non l'inverse. L'incompétent n'était pas le savant, mais le pape.

Pendant qu'Urbain ruine le Saint-Siège en couvrant sa famille de cadeaux et en menant pour le compte de ses neveux une guerre en règle contre un clan ennemi, les monarchies européennes nomment les prélats, distribuent les bénéfices ecclésiastiques et réglementent la vie religieuse sur leur territoire. Les fulminations papales n'impressionnent plus personne. En France, pays d'obédience catholique, le clergé gallican n'est pas moins nationaliste que celui de l'Église réformée d'Angleterre.

Un seul pape semble avoir bien vécu ces bouleversements : Benoît XIV (1740-1758). Ce pontife ironique et badin aimait à se promener dans les rues romaines et à engager la conversation avec les passants. Sans illusion sur les puissances européennes, il s'efforçait simplement d'obtenir le maximum de garanties pour son Église ; quand il n'avait pas l'avantage, il savait ne pas insister. Il fut le premier pape à utiliser l'encyclique comme mode de communication. Fin théologien, il protégea bon nombre de penseurs hardis, d'historiens honnêtes et de pasteurs compétents contre la hargne des bigots. Il modernisa l'administration des États pontificaux et le fonctionnement de la curie, accroissant le rendement de manière appréciable dans l'un et l'autre cas. Les catholiques l'adoraient, les protestants l'admiraient, Voltaire lui dédia une pièce.

Benoît XIV était un homme des Lumières à l'égal du docteur Johnson et de Benjamin Franklin. Un jour qu'il faisait
sa *passeggiata* quotidienne, il fut abordé par un moine
dérangé qui lui annonça la naissance de l'Antéchrist. Quel
âge a-t-il ?, s'enquit le pape, l'air le plus intéressé du
monde. Trois ans, répondit l'autre d'un ton catégorique.
« Alors, murmura le pontife dans un sourire, je laisse le
problème à mon successeur. »

Un siècle et demi de guerres sectaires laisse forcément
des traces. Du plus petit au plus grand, les Européens sont
las des batailles idéologiques. Une fraction croissante de
l'opinion éclairée conteste ouvertement l'alliance entre le
trône et l'autel. Porte-drapeau de ce mouvement, Voltaire
voudrait interdire à la papauté toute intervention ou domi-
nation temporelle. En 1773, le très timoré Clément XIV
(1769-1774) sacrifie la Compagnie de Jésus aux pressions
des cours européennes. Trop fidèles serviteurs du Saint-
Siège, les jésuites gênaient depuis longtemps les ambitions
des princes. Les rois d'Espagne, du Portugal et de France en
avaient tout particulièrement contre leur agitation en faveur des indigènes d'Amérique au nom de « droits naturels » très préjudiciables aux intérêts économiques de leurs
couronnes. Elle préludait à une lutte qui enflammera les
opprimés, épouvantera les privilégiés et sonnera le glas de
la monarchie de droit divin.

C'est bien à tort que les apologistes catholiques ont satanisé Voltaire. Polémiste redoutable, mais partisan de la raison, il était croyant à sa façon : il se confessa et reçut l'extrême-onction sur son lit de mort. Son combat pour la séparation de l'Église et de l'État était inspiré par une profonde détestation de tous les fanatismes. Il vomissait l'obscurantisme du clergé, toutes confessions confondues, et abhorrait les châtiments « chrétiens » qu'on infligeait aux « impies » : la torture et la mort sur l'échafaud, le billot ou le bûcher. Son véritable radicalisme n'était pas là, mais dans la vision, qu'il partageait avec les autres philosophes, d'une société où tous les citoyens naissent égaux en droit. Voltaire n'était pas antimonarchique. Ce sont ses nombreux lecteurs (et lectrices) qui poussèrent ses étincelantes démonstrations à leur conclusion républicaine.

On ferait une grave erreur en s'imaginant Voltaire et ses amis comme une poignée de francs-tireurs idéalistes en guerre contre une caste puissante, soudée par la défense de ses privilèges. Leurs idées imprégnaient l'air du temps et creusaient de larges brèches au sein de l'ordre établi. De même que le haut clergé romain s'était entiché de l'humanisme, de même beaucoup de têtes couronnées et mitrées succombèrent aux séductions des Lumières. L'anticléricalisme s'exprimait ouvertement pour la première fois dans l'histoire politique européenne et contaminait jusqu'au clergé. Les passions s'échauffant, on verra apparaître la plus paradoxale des créatures : le prêtre incroyant. Louis XVI justifiera son refus de muter l'archevêque de Toulouse à Paris en disant qu'on peut certes nommer un athée à un siège mineur, mais que l'évêque de *Paris* doit au moins croire en Dieu.

En toute innocence, la société des Lumières couve l'œuf d'une révolution régicide qui sombrera dans une féroce guerre intestine. Les colonies britanniques d'Amérique du Nord lui ont servi un avertissement sans frais, mais qui a prêté attention à cette querelle entre Anglo-Saxons anglicans outre-Atlantique ? La surprise est donc totale le 14 juillet 1789. Au soir de l'assaut contre la Bastille, le roi de France note un seul mot dans le journal d'ordinaire détaillé de ses activités : « Rien. » (Le pauvre balourd l'avait employé des années plus tôt au lendemain de sa nuit de noces.)

Exécution du roi borné, de la reine détestée, des courtisans arrogants ; persécution des prêtres et confiscation des biens ecclésiastiques ; purge des ennemis de la Révolution, si sanglante qu'on l'appellera la Terreur (elle préfigurait celles des Staline, Mao et Pol Pot) ; déchristianisation forcée… les conséquences de l'explosion affolent les têtes couronnées d'Europe et les tenants du statu quo. Dans les chaumières comme dans les palais, on est persuadé que la France baigne dans le sang. La réaction à ce spectacle imaginaire dépend beaucoup du rang social. Ce qui est sûr, c'est qu'il révulse la papauté.

Toute l'Europe sentira le vent du boulet révolutionnaire. L'Italie, depuis si longtemps divisée et, de ce fait,
otage des Autrichiens, des Espagnols et des Français, y
gagnera son unité et sa liberté, mais elle devra attendre la
seconde moitié du XIXe siècle et subir au préalable le des-
potisme bonapartiste. D'origine corse, Napoléon Bonaparte se prend pour le nouvel Alexandre (à tout le moins
le nouveau Charlemagne). Son intervention dans le chaos
révolutionnaire a un impact décisif sur le cours des événements. La République reste officiellement démocratique,
laïque et anticléricale, mais hérite d'un « chef naturel » en
la personne du général Bonaparte. Comme il a l'ambition
de conquérir le monde, le pape n'a qu'à bien se tenir.

S'étant emparé du nord de l'Italie et, notamment, des
grasses villes de Ravenne et de Bologne, sources vitales de
revenu pour la papauté, Bonaparte instaure la république
de Milan et se vante de libérer le peuple romain de son
long esclavage. Pure fanfaronnade. Il trouve plus expédient
d'obliger Pie VI — le plus insignifiant des papes — à lui
céder les riches cités du nord et l'enclave avignonnaise. Il
prélève au passage une extravagante rançon de 45 millions
de *scudi* et une bonne partie des plus précieux manuscrits
et objets d'art conservés dans les musées du Vatican et
divers lieux comme le *scriptorium* de l'abbaye médiévale de
Bobbio, dans les Appennins. Né Giannangelo Braschi,
Pie VI finira ses jours à Valence comme simple citoyen

Braschi (on est tenté de dire : camarade Braschi), ayant été contraint par ses geôliers français à traverser les Alpes malgré le délabrement de sa santé. Le clergé constitutionnel de la ville, qui dépendait totalement de l'État depuis la suppression des bénéfices ecclésiastiques, refusera à son cadavre l'inhumation en terre consacrée.

Cette fois, la Révolution est allée trop loin. En conférant l'auréole du martyre à un pontife humilié, elle amorce bien malgré elle une métamorphose qui sauvegardera l'institution pendant deux siècles. Dépouillé de sa pompe et de ses biens, le pape deviendra peu à peu le guide spirituel persécuté pour la cause de la vérité et de la charité qu'il n'avait jamais pu incarner pendant 14 siècles d'impérialisme effréné.

Réuni à Venise sous la sourcilleuse surveillance de l'empereur d'Autriche, le conclave dispute trois mois de la succession papale. Les temps exigent de la souplesse ; les cardinaux finissent par s'entendre sur l'évêque d'Imola, ville sous la coupe française. Consternation à Vienne : l'élu a été surnommé le citoyen cardinal tant il a fait de contorsions théologiques pour plaire aux révolutionnaires. On l'a entendu prêcher que Dieu ne privilégiait aucune forme de gouvernement et que les idéaux républicains de liberté, d'égalité et de fraternité figuraient déjà dans l'Évangile. Petite consolation : il prend le nom de Pie VII (1800-1823), comme s'il voulait signifier qu'il n'entend pas rompre avec la tradition. Et au lieu de suivre l'empereur à Vienne, il rentre à Rome. Craignant les émotions populaires sur son passage, l'occupant l'oblige à voyager par voie fluviale plutôt que terrestre. Pendant que le pontife navigue sur sa poussive péniche, Bonaparte bat les Autrichiens à Marengo et les chasse du nord de l'Italie. Il est désormais seul maître du terrain.

Résigné, le pape adopte la stratégie du roseau, consent à présider le couronnement de Napoléon à Notre-Dame de Paris malgré les avanies subies par son prédécesseur et les cris d'orfraie de l'empereur d'Autriche. Pour ne pas abandonner au souverain pontife la moindre parcelle de sa légitimité toute fraîche, Napoléon pose lui-même les couronnes impériales sur sa tête et sur celle de sa femme Joséphine. David nous a laissé un tableau de cette scène. On y aperçoit un Pie VII aux traits juvéniles assis derrière l'empereur, bénissant mollement l'opération. Il a l'air éberlué, et peut-être l'était-il : tout au long de sa route (en carrosse cette fois-ci), les foules avaient imploré sa bénédiction à genoux. Le scénario se répéterait au retour. Le pape se muait en figure sacrée, au-dessus de la médiocre mêlée politique.

Le sacre marque l'apogée de son entente cordiale avec Napoléon. Peu après son couronnement, l'empereur se proclame roi de toute l'Italie, s'attaque aux derniers lambeaux de l'État pontifical et ordonne au pape de soutenir son blocus contre les hérétiques d'Angleterre et de Russie, comme par hasard ses deux bêtes noires. Pie VII répond humblement que « le Père commun de tous les chrétiens ne peut avoir d'ennemis parmi eux ». De ce moment, les rapports se dégradent, et le « citoyen pape » finit par subir un traitement assez comparable à celui de son malheureux prédécesseur.

On l'isole dans son palais du Quirinal, on l'exile à Savone, un port du golfe de Gênes proche de la frontière française, on le jette dans une voiture et on lui fait passer les Alpes vêtu de la soutane noire des prêtres pour prévenir les débordements du premier voyage. Souffrant d'une infection urinaire chronique, il doit descendre de voiture toutes les dix minutes pour se soulager. À Fontainebleau, Napoléon exige qu'il renonce à ses pouvoirs temporels, qu'il s'installe en France et qu'il lui abandonne la nomination des évêques sur le territoire français. Isolé, épuisé, harcelé sans relâche, Pie VII cède à peu près tout, puis se rétracte. Au début de 1814, la chance tourne : l'hiver russe a englouti les armées de son ennemi, et les Autrichiens marchent sur les républiques « alliées » du nord de l'Italie. Pie VII est enfin libre de rentrer à Rome. Dégoûté d'un républicanisme qui a ruiné et décapité son Église, il s'empresse de rétablir la Compagnie de Jésus qui a toujours si vigoureusement défendu le Saint-Siège. L'année suivante, le congrès de Vienne lui restitue la quasi-totalité des territoires qui lui avaient été enlevés. Seule Avignon reste française.

À l'action républicaine succède une réaction de force égale. Elle s'exprime notamment dans une dévotion extrême à la papauté, tenue pour la pierre angulaire de la culture européenne. Comme l'écrit Joseph de Maistre, un aristocrate savoyard, dans son livre à succès *Du pape* : « Sans le christianisme, point de liberté générale ; et sans le pape, point de véritable christianisme. » Beaucoup d'Européens sont séduits par cette thèse ultramontaine (adjectif dérivé de « outre-mont », c'est-à-dire, dans ce cas précis, au sud des Alpes) qui fait des États pontificaux le fondement de la béatitude européenne et la garantie inaltérable de la stabilité monarchique. La Révolution avait pu réduire à rien le pouvoir jadis redoutable des évêques métropolitains ; elle n'avait pas entamé celui du pontife suprême.

Léon XII (1823-1829) n'a ni le bon sens ni la modération de son prédécesseur. Rome sombre dans un obscurantisme digne de la colonie puritaine la plus répressive : le jeu, la consommation d'alcool, les tenues aguichantes, même les gestes spontanés d'affection sont punis de prison. L'indifférence religieuse, la tolérance et le franc-maçonnisme sont durement condamnés. Après une période de répit, les Juifs sont à nouveau persécutés. Dans les États pontificaux, les garanties juridiques n'existent plus, la délation est encouragée, des exécutions sommaires ont lieu pendant quelque temps. Bref, *lo Stato della Chiesa* se transforme en État policier.

Le pontificat de Grégoire XVI (1831-1846) est encore plus sinistre. Son abominable encyclique *Mirari vos arbitramur* rejette la liberté de conscience et de parole, dénonce la séparation de l'Église et de l'État, affirme que le pape règne de droit divin et blâme Félicité de Lamennais, un prêtre français progressiste qui tente de concilier la Tradition et les idéaux des Lumières, en particulier la liberté religieuse et le suffrage universel. Comme beaucoup avant et après lui, Lamennais commence par courber la tête sous l'orage, mais en apprenant que le pape a condamné la rébellion polonaise qu'il approuve de tout son cœur, il quitte la prêtrise et renie cette Église qui s'est séparée du Christ pour forniquer avec ses bourreaux. Rupture tragique et, au final, absurde puisque presque toutes ses idées seront reprises dans les décrets de Vatican II.

En juin 1846, la mort de Grégoire ouvre une nouvelle succession. Le conclave se compose d'une minorité d'*intransigenti*, solidement rangée derrière un candidat réactionnaire, et d'une majorité de *liberali* en quête d'un homme ouvert aux défis de la modernité. L'Italie traverse en effet une période de grande effervescence, provoquée en partie par le caractère oppressif des derniers pontificats, mais surtout par la percolation des idées des Lumières dans sa population : l'agitation en faveur d'une unification de la péninsule sous un régime constitutionnel libéral grandit de jour en jour. En fin de compte, le choix des cardinaux se porte sur un affable aristocrate de 54 ans dont la réputation de libéralisme avait agacé son prédécesseur au point de lui arracher ce grincement : « Même ses chats sont libéraux. »

Giovanni Maria Mastai-Ferretti n'avait rien de libéral, pas même un chat. Pie IX, le nom qu'il s'est choisi en devenant pape, se dit Pio Nono en italien, et ce « no no » est bien tout ce qu'on entendra de ce pape-là pendant 30 des presque 32 années de son pontificat (le plus long à ce jour : Pie IX mourra en 1878 à 86 ans).

Il démarre pourtant d'un bon pied. Les Romains sont autorisés à élire leur administration municipale, l'État pontifical est doté d'une constitution prévoyant l'élection d'une assemblée où les laïques seront représentés. Certains interdits frappant les Juifs sont abolis, des techniques agricoles, modernisées, les rues de Rome, pourvues d'un éclairage au gaz. Pie IX lève aussi l'interdit jeté par son prédécesseur sur la construction ferroviaire. (Grégoire abhorrait les « chemins d'enfer » à cause des cachettes que leurs ponts offraient aux séditieux.) Pendant deux ans, le pape est follement populaire dans toute l'Italie. On voit partout une affiche le représentant bras dessus bras dessous avec Victor-Emmanuel II, le roi constitutionnel du Piémont, et Giuseppe Garibaldi, le révolutionnaire à la chemise rouge : symbole de l'aspiration générale à une unité politique qui deviendrait réalité grâce à la magnanimité des trois héros.

Tout bascule avec les révolutions de 1848. Pressé de prendre la tête d'une armée qui chasserait les Autrichiens du nord de l'Italie, Pio Nono dit non, pas contre une puissance catholique. Il condamne du même souffle les projets de fédération italienne et exhorte ses compatriotes à se soumettre au monarque que Dieu leur a donné. Comprenant que ses réformes étaient dictées par le seul souci d'endormir l'opposition et qu'il n'a jamais été l'homme des Lumières ni le patriote qu'elle s'imaginait, l'opinion italienne se retourne contre lui. À Rome, la révolution gronde. En novembre, les nationalistes assiègent le pape dans son palais du Quirinal ; son premier ministre, le comte Rossi, est assassiné sur les marches de sa chancellerie. Pio Nono s'échappe déguisé en prêtre. Garibaldi (qui a baptisé son cheval Mastai, nouveau surnom du pape) proclame la république. Elle tombe six mois plus tard sous les coups des Français, dont la révolution a pourtant inspiré celle-ci. Le pape peut rentrer à Rome. Les armes françaises et autrichiennes soutiendront son trône encore 20 ans.

La résistance des Romains dessille les yeux de Pio Nono. Toute concession serait le début de sa fin. Le mouvement de libération et d'unification de l'Italie est l'œuvre du diable. Le pape, dont l'État coupe la péninsule en deux, ne peut participer de ce *Risorgimento* (résurrection). L'intransigeance pontificale gêne profondément les catholiques libéraux d'Europe et d'Amérique, mais les âmes simples y voient une digne résistance qui témoigne du courage des saints. Plus le pouvoir temporel du pape diminue, plus son prestige spirituel grandit.

En 1864, Pie IX publie un Syllabus condamnant pêle-mêle la franc-maçonnerie, le socialisme et toutes les formes de rationalisme. En tout, 80 « erreurs » y sont recensées. Par exemple : « À notre époque, il n'est plus expédient que la religion catholique soit considérée comme l'unique religion de l'État, à l'exclusion de tous les autres cultes. Aussi doit-on des éloges à certains peuples catholiques, chez qui la loi a pourvu à ce que les étrangers qui viennent s'y établir y jouissent de l'exercice public de leurs cultes particuliers. » La plus mémorable de ces faussetés stipule que « le Pontife romain peut et doit se réconcilier et transiger avec le progrès, le libéralisme et la civilisation moderne » : on y sent toute la peur du vieil homme retranché dans sa tour d'ivoire et incapable de comprendre son époque.

Le témoignage le plus dur contre Pio Nono nous est livré par sa réaction à l'enlèvement d'un petit Juif de six ans en 1858, dix ans après le renversement de la république romaine et six avant le Syllabus. Le jeune Edgardo Mortara avait été baptisé en secret par une servante catholique de sa famille bolognaise durant une maladie qui aurait pu lui être fatale. La jeune fille avait agi sans malice, pour sauver le petit qu'elle croyait (comme la plupart des théologiens catholiques et protestants de l'époque) voué à l'enfer s'il mourait sans baptême. Sauf qu'une fois baptisé, il devait être élevé dans la religion catholique pour mériter ce salut. Le pape allait y veiller.

Tous les aspects de l'histoire donnent le frisson. La servante était simplette, et son récit, peut-être inventé. Elle avait alerté l'Inquisition en secret, et le Saint-Office retira l'enfant à sa famille sans expliquer aux parents pourquoi on brisait ainsi leur vie. Ils ne purent jamais récupérer leur fils. Edgardo grandit dans l'intimité du pape, dorloté par ses familiers, et se fit prêtre.

Les défenseurs de Pio Nono tentent de le blanchir en arguant du contexte historique de l'affaire. Le pape était persuadé qu'Edgardo serait damné, ses intentions étaient bonnes, donc il mérite l'absolution. L'histoire récente offre toutefois un parallèle gênant : la séquestration d'Elian, un garçonnet cubain que des parents américains refusaient de rendre à son père pour des motifs purement idéologiques. On y retrouve le même mélange de crispation, d'arrogance et de fanatisme bien-pensant. Comme Elian, Edgardo succomba aux séductions de son nouveau milieu. Comme la famille américaine d'Elian, le pape se plaignit amèrement de la propagande vicieuse dont il était l'objet et qu'il attribuait à tous ses ennemis en bloc : francs-maçons, révolutionnaires, Juifs et disciples libre-penseurs de Rousseau et de Malthus. Il menaça les représentants de la communauté juive qui étaient venus plaider la cause des Mortara de les faire rentrer dans leur trou, autrement dit de rétablir la totalité des contraintes qui avaient pesé sur eux — obligation d'assister aux prêches catholiques, confinement au ghetto, interdiction de pratiquer les professions libérales. Heureusement, son insondable vanité le retint : « Ma bonté est si grande et ma pitié si vive que je vous pardonne », déclara-t-il aux émissaires atterrés. Difficile de lui pardonner tant d'arrogance, dans n'importe quel contexte !

La réfutation la plus convaincante de cette thèse historiciste, c'est le scandale que la décision papale causa à *son* époque dans tout le monde chrétien — exception faite des cercles ultramontains. Le président des États-Unis James Buchanan vint à deux doigts de la dénoncer publiquement, mais dut y renoncer parce que, dans son pays, les enfants des esclaves noirs étaient séparés de leurs parents en beaucoup plus grand nombre et pour des motifs bien moins nobles que ceux du pape.

Pour pérenniser ses décisions rétrogrades, Pio Nono convoque un concile œcuménique — le premier à se tenir au Vatican. Tout le monde s'attend à ce qu'il jette l'anathème sur le monde moderne ; les ultramontains exultent, les libéraux tremblent. Le concile doit s'ouvrir le 8 décembre 1869, jour consacré à la célébration de l'Immaculée Conception, un dogme proclamé en solitaire par Pio Nono sur la naissance de la Vierge Marie sans la tache du péché originel. À mesure qu'approche la date fatidique, on commence à discerner le but occulte de ce concile. Le pape veut faire proclamer son infaillibilité ! Si l'assemblée conciliaire avalise cette prétention, il ne sera plus possible de désavouer le dogme de l'Immaculée Conception ni le Syllabus des propositions erronées, ni rien de ce que le pape a pu faire ou dire. Les évêques n'auront plus d'autre rôle que celui d'exécutants des décrets pontificaux.

La notion d'infaillibilité n'est pas nouvelle. Jésus ayant promis d'être avec son Église jusqu'à la fin du monde, presque toutes les communautés chrétiennes ont cru et croient encore que celle-ci ne peut pas errer durablement. Tout le problème est de savoir comment s'exprime l'inspiration divine. À l'époque où le mot « Église » désignait uniquement la communauté des croyants, le consensus des fidèles passait pour infaillible (mot que les rédacteurs du Nouveau Testament n'auraient jamais osé employer, tant il leur aurait paru prétentieux, discriminatoire et bizarre). Sous l'empire, on s'est mis à attribuer cette propriété (sans la nommer, encore une fois) aux conciles œcuméniques et autres grandes assemblées épiscopales, c'est-à-dire aux représentants élus des fidèles. Personne n'imaginait que l'évêque de Rome puisse en être le dépositaire exclusif. Même au Moyen Âge, quand le pape s'est transformé en monarque de droit divin — l'incarnation de la chrétienté — personne n'employait le mot « infaillible » jusqu'à ce que des franciscains dissidents du XIIIe siècle l'inventent au bénéfice du décret papal sanctionnant le mode de vie qu'ils s'étaient choisi. Au siècle suivant, le théologien Guido Terreni a beau proclamer «l'infaillible vérité» des enseignements du pontife romain en matière de foi, sa thèse ne fait guère d'adeptes. Il faut attendre l'apparition de puissantes idéologies concurrentes — protestantisme rationalisme, démocratie, socialisme, athéisme — pour voir se répandre cette idée foncièrement défensive parmi les théologiens catholiques.

Pio Nono et ses conseillers travaillent le concile au corps. En poste depuis un quart de siècle, le souverain pontife a nommé la plupart des évêques présents, mais il ne laisse rien au hasard. Contrairement à la tradition conciliaire, les thèmes et les règles du débat ont été fixés avant l'arrivée des évêques. Seul le pape pourra proposer de nouveaux sujets. Pendant les délibérations, Pio Nono emploie tous les moyens à sa disposition pour imposer sa volonté. Il menace les prélats pauvres de leur couper les vivres, utilise sa presse pour fait chanter certains évêques, sa police pour en intimider d'autres, pique quelques belles crises d'hystérie. Lors d'une séance dans la basilique Saint-Pierre, le cardinal Guidi, de loin le meilleur des théologiens à son service, a fait une concession à l'opposition : l'infaillibilité s'appliquera non à la personne du pontife, mais à ses déclarations doctrinales, et le pape sera tenu d'examiner la

Tradition (donc, de consulter les évêques) avant de proclamer un dogme. Dès qu'il est seul avec le malheureux Guidi,
Pio Nono l'apostrophe : qu'est-ce que l'évêque s'imagine ?
« *Tradizione ?*, hurle-t-il. *La tradizione son'io ! La chiesa
son'io !* » (« La Tradition, c'est moi ! L'Église, c'est moi ! » Le
parallèle avec le célèbre « l'État, c'est moi » de Louis XIV
n'est pas fortuit : la démarche de Pie IX s'inscrit dans le
droit fil de l'absolutisme monarchique alors en pleine
déliquescence.)

De son lit de mort, le comte de Montalembert, distingué substitut du réprouvé Lamennais, fustige ceux « qui
ont commencé par faire litière de nos libertés… pour venir
ensuite immoler la justice et la vérité, la raison et l'histoire,
en holocauste à l'idole qu'ils se sont érigée au Vatican ».
Anglican converti au catholicisme, le brillant théologien
John Henry Newman qualifie la majorité conciliaire de
« faction insolente et agressive ». Soixante évêques allemands, autrichiens, français et américains ont encore assez
de libre arbitre pour refuser de jouer les godillots. On les
prie donc de rentrer chez eux avant le vote final de façon
à ce que leurs 535 collègues puissent faire honneur à la tradition du consensus épiscopal.

Ceux qui restent ne sont pas de parfaits béni-oui-oui.
L'infaillibilité toute neuve de Pio Nono s'appliquera uniquement à ses déclarations *ex cathedra* (c'est-à-dire solen-
nelles) sur les questions de foi et de morale ; le don n'est

pas une prérogative personnelle, mais une conséquence de l'infaillibilité implicite dans la promesse du Christ. C'est assez pour garantir la survie du dogme de l'Immaculée Conception, pas celle du Syllabus. (Depuis, une seule proclamation papale a reçu le sceau de l'infaillibilité : la curieuse définition de l'Assomption concoctée par Pie XII.)

Le 18 juillet 1870, juste après le vote crucial, Pio Nono fait lecture du nouveau dogme. Au même moment, une tempête déverse des trombes d'eau sur la basilique et jette des éclairs sinistres dans l'immense nef. Le lendemain, la guerre franco-prussienne éclate. Tandis que les prélats quittent la ville en toute hâte, la France, à court de troupes, rappelle sa garnison romaine. Le pape reste seul face à ses ennemis. Le 20 septembre, Rome tombe aux mains des révolutionnaires, qui en font la capitale de l'Italie unifiée. Refusant de reconnaître le nouvel État ou de traiter avec lui de quelque façon que ce soit, le pape se cloître au Vatican et interdit aux Italiens de participer à la vie politique de leur nouveau pays — même de voter aux élections — sous peine d'excommunication. Position absolutiste qui possède pour le très ultramontain cardinal Manning « la beauté de l'inflexibilité ».

Drapé dans le manteau du héros persécuté mais indomptable, le soi-disant prisonnier du Vatican devient un objet de culte pour les âmes simples. Ironie du sort, la modernité abhorrée lui procurera bientôt un outil de propagande d'une incomparable efficacité. Grâce au train et au bateau à vapeur, les fidèles viendront en foule s'agenouiller aux pieds du vieil homme en blanc. Et il ira à eux par l'entremise de la photo, de la presse et du télégraphe (en attendant la radio, la télé et le cinéma). Le monde que quitte Pie IX en février 1878 s'apprête à vivre une métamorphose inimaginable même pour les plus audacieux des philosophes des Lumières : une révolution des communications qui fera du pape une célébrité internationale. Déjà, dans beaucoup de foyers et d'échoppes catholiques, la photo du vieux pontife trône à la place d'honneur, souvent entre des images du Sacré-Cœur et du Cœur immaculé de Marie. La donation de Pépin avait fait du pape un souverain temporel ; la fonction ne lui avait guère réussi, nourrissant ses ambitions impérialistes plus que son souci pastoral. La perte des États pontificaux en fera un personnage hors du commun, sans pouvoir politique ou économique et, pourtant, capable de déplacer des montagnes.

DEUXIÈME PARTIE

Angelo Roncalli, l'homme

Du petit paysan au prêtre

S I NOUS REMONTIONS LE TEMPS jusqu'aux derniers jours du pontificat de Pie IX — jusqu'à l'orage sur la basilique Saint-Pierre qui augurait l'amère retraite du vieil homme dans l'enclave vaticane, aussi loin que possible des tempêtes du monde — il nous semblerait impossible qu'un pape réussisse jamais à réconcilier cette Église-là avec la modernité. Comment Jean XXIII est-il parvenu à désarmer tant d'hostilité? Même un pape révolutionnaire doit pouvoir marcher dans les traces de quelqu'un, invoquer l'exemple d'un prédécesseur, se couvrir du manteau de la tradition. Celui qui a préparé la voie à Jean XXIII, c'est Léon XIII, le pape de son enfance.

Quand Angelo Giuseppe Roncalli voit le jour, le 25 novembre 1881, dans le village de Sotto il Monte, il y a près de quatre ans que Léon XIII a succédé à Pie IX. Les papes, si grands soient-ils, n'ont pas d'influence sur les nouveau-nés ; aussi allons-nous parler de la famille d'Angelo avant d'analyser le climat politique de l'Italie unifiée dans laquelle il a grandi.

Les Roncalli appartiennent à la pieuse et industrieuse paysannerie lombarde. Bien que leur famille soit établie depuis des siècles autour du village « sous le mont », Giovanni Battista et sa femme Marianna (née Mazzola) ne possèdent pas la terre qu'ils cultivent : ils sont métayers d'un noble de Bergame, le chef-lieu de la région. Comme leurs ancêtres depuis des temps immémoriaux, ils remettent au comte Morlani la moitié des fruits annuels de leur labeur : lait, veaux, vers à soie. Ils ne deviendront propriétaires qu'au soir de leur vie grâce, en partie, aux réformes sociales de l'État italien.

Tous les midis, une bonne trentaine de convives prennent place autour de la table : Giovanni Battista et Marianna, leur douzaine d'enfants (Angelo, l'aîné des garçons, est le quatrième), la famille d'un cousin et un grand-oncle prénommé Zaverio, le patriarche du clan. Le plat unique de polenta y suffit à peine. Pourtant, quand un mendiant frappe à la porte, Marianna se hâte de l'asseoir au milieu des enfants. Dieu préfère les grandes marmites aux petites, commentera Angelo beaucoup plus tard, citant un vieux dicton lombard. La maison est vaste, mais comme les vaches occupent une bonne partie du rez-de-chaussée, les gens vivent entassés les uns sur les autres. Dans son *Arbre aux sabots*, un film tourné en 1978, Ermanno Olmi a merveilleusement capturé l'essence de la vie paysanne aux alentours de Bergame à cette époque : le film respire la lenteur, la couleur, l'humour narquois et la compassion inaltérable de ce monde évanoui.

Comme tous leurs semblables à toutes les époques, les Roncalli sont taciturnes : un peu bourrus, dira leur fils, mais réfléchis et bons. Ils ont surnommé leur premier garçon Angelino, angelot. Deux ans après sa naissance, ils ont la douleur de perdre leur fille aînée, Caterina. Leur attachement pour le petit garçon n'en devient que plus vif. Il a quatre ans quand sa mère l'emmène au modeste sanctuaire marial qui couronne une colline à environ un kilomètre de la ferme : micropèlerinage qui deviendra son premier souvenir d'enfance. Marianna, qui vient d'avoir 30 ans et est enceinte, porte Zaverio, deux ans et Maria Elisa, un an. Angelino marche avec ses sœurs Teresa et Ancilla, de six et cinq ans. Malgré les exhortations maternelles, la petite troupe arrive après le début de la messe et doit l'entendre à l'extérieur de la chapelle bondée. La « simple et lucide » Marianna mène ses enfants au pied d'une fenêtre et les hisse à tour de rôle jusqu'à l'embrasure. « *Ecco*, Angelino, murmure-t-elle au garçon agrippé au grillage, regarde la Madone, comme elle est belle. Je t'ai voué à elle. » Le petit ouvre de grands yeux en découvrant les formes polies, les ors, les fleurs, le manteau écarlate et le doux visage de la Vierge, l'enfant blotti sur ses genoux. Le sculpteur a donné à ses personnages le regard sombre et perçant, la face large et le nez proéminent des paysans de la région : vêtus plus simplement, ils pourraient s'appeler Roncalli. Les paysans venaient là, relatera Angelo, « pour invoquer la bonté de Marie et reprendre espoir ».

En août 1889, c'est Giovanni Battista qui l'emmène à Ponte San Pietro (Pont-Saint-Pierre), un village à six kilomètres de chez eux où se tient une procession célébrant le 11ᵉ anniversaire de l'Action catholique, mouvement social laïque fondé à Bergame et approuvé par le Vatican. Angelino n'est pas grand pour ses huit ans, aussi Giovanni le hisse-t-il sur ses épaules pour lui permettre de mieux voir le défilé. Près de 70 ans plus tard, faisant son entrée solennelle à Saint-Pierre de Rome dans la *sedia gestatoria*, la litière de parade qui servait encore à l'époque, le successeur de Pierre le pêcheur d'hommes se souviendra avec émotion du geste de son père. « Le secret, dira-t-il, c'est de se laisser porter par le Seigneur et de le porter aux autres. »

Tensions et malentendus sont inévitables quand tant de gens doivent partager si peu de choses, mais la générosité simple de Marianna et la piété taciturne de Giovanni guident leur fils sur le chemin de la foi. Le vrai sentiment religieux ne naît ni des interdits moraux ni des dogmes politiques, mais des émerveillements de la petite enfance : *Ecco*, Angelino… contemple la beauté, la bonté, l'espérance. Si nous laissons Dieu nous porter, nous pourrons à notre tour le porter aux autres. Le geste de Giovanni, si naturel pour un père, si exaltant pour un petit enfant, a inspiré Angelo tout au long de sa vie, imprégnant ses pensées, ses prières et ses actes jusqu'au jour de sa mort. Notre abandon à la toute-puissance du Père qui nous aime transfigure la réalité, nous rend capable de visions dépassant notre entendement et d'actions au-delà de nos forces.

Nous vivons dans un monde si agité et si bruyant que nous devons nous boucher les yeux et les oreilles — faire barrage aux sirènes et aux affiches, à la sonnerie du téléphone et à la télé du voisin, aux lettres et aux courriels importuns — pour pouvoir réfléchir calmement, faire le nécessaire ou, même, savoir ce dont nous avons vraiment besoin. Aussi nous est-il très difficile de nous représenter le caractère lent et méditatif de l'existence dans un milieu saturé de symboles comme celui d'Angelino. Pour un petit paysan italien de la fin du XIXe siècle, tout avait un sens, tout méritait réflexion : non seulement le cycle des saisons et les fêtes religieuses, mais chaque image, chaque son, parfum ou sensation, car Dieu s'exprimait même au travers des expériences humaines les plus banales. Les sacrements — l'eau purifiante du baptême, la nourriture spirituelle de

la communion, les saintes huiles de l'extrême-onction —
étaient les symboles suprêmes de la parole divine, mais
toute la création en était également imprégnée puisqu'elle
était l'œuvre d'un Dieu miséricordieux. Il suffisait d'ouvrir
les yeux et les oreilles pour la recevoir. Cette vision sacramentelle du monde, Angelo la possédait longtemps avant
de pouvoir la nommer. Elle lui dictait sa conduite sans qu'il
s'en doute. Quand il en prendra conscience, il s'en servira
de préférence à toute autre pour extraire la vérité des événements et prendre les décisions cruciales.

Attitude rétrograde, tout droit sortie du Moyen Âge?
Ce serait sous-estimer le bonheur et la paix qu'elle procure,
la plénitude qu'elle a apportée et apporte encore à ceux qui
la cultivent. Du reste, elle n'est pas incompatible avec le
développement d'une conscience sociale — pas chez un
être aussi fin qu'Angelo, en tout cas.

C'est l'oncle Zaverio, son parrain, qui initie Angelino à
la pensée sociale de l'Église catholique. « Barba » (Barbe,
surnom traditionnel du chef de clan) est le penseur de la
famille. Il lit des livres, est abonné à des revues comme le
bulletin salésien de don Bosco, un prêtre turinois qui sera
canonisé. Si toutes ses lectures concernent l'Église catholique, elles traitent leur sujet dans une perspective sociale et
internationale ; les extraits qu'il lit parfois à son filleul
éveillent le petit garçon studieux aux réalités du vaste
monde. Zaverio est beaucoup plus engagé que Giovanni ou

Marianna dans l'Action catholique. Né dans le nord de la péninsule, ce mouvement offre aux catholiques une solution de rechange à l'action politique interdite par le pape. Il s'efforce d'améliorer le sort des petites gens, notamment par la création de coopératives d'achat et de crédit comme celle qui permettra aux Roncalli de devenir enfin propriétaires de leur ferme. Rien d'étonnant que cette forme d'action sociale ait paru aux paysans plus intéressante que les interventions de l'État.

Comme beaucoup d'Italiens, Barba suit de près les activités du pape. Léon XIII s'efforce de combler le fossé qui sépare son Église du monde, fossé que son prédécesseur croyait infranchissable. Devenu pape après l'unification italienne, il n'est pas obsédé par la perte des États pontificaux. Sa réponse à l'anticléricalisme affiché de la société consiste à prêcher la paix et la concorde. Son encyclique de 1885, *Immortale Dei*, ne contient pas la moindre allusion à l'État, suppôt de Satan ; au contraire, elle affirme la légitimité de toute forme de gouvernement « apte à l'utilité et au bien commun ». Malgré le flou, c'est bel et bien un geste d'ouverture, le premier, en direction de la démocratie. L'encyclique suivante, *Libertas praestantissimum*, fait l'éloge de la liberté individuelle… et du rôle historique de l'Église dans sa défense ! Persuadé que la vérité ne peut pas nuire, Léon ouvre les archives du Vatican aux chercheurs. Il est le premier pape à considérer les chrétiens orthodoxes et protestants comme des « frères séparés » plutôt que comme des hérétiques ou des schismatiques.

Il lui arrive d'errer. En maintenant l'interdiction de vote faite aux membres de son Église, il empêche les électeurs catholiques, très nombreux malgré la prohibition pontificale, de former un parti apte à défendre leurs intérêts. Il dénigre l'« américanisme » (ou excès d'esprit démocratique) et récuse les ordinations anglicanes à la prêtrise et à l'épiscopat. Pour le reste, c'est un homme pondéré, soucieux de tracer aux hommes la voie vers un monde plus juste et très préoccupé de soulager la misère des ouvriers. Son texte le plus mémorable, l'encyclique de 1891, *Rerum novarum*, témoigne éloquemment de son inquiétude face au capitalisme de son époque : il y affirme sans détour que la richesse crée de lourdes et inaltérables obligations sociales, au-delà des caprices de la charité individuelle ; et que les travailleurs ont le droit inaliénable de toucher un salaire décent et de former des syndicats pour le défendre. La plume aristocratique de ce pape était capable d'envolées mémorables, telle cette méprisante description du « petit nombre d'hommes opulents et de ploutocrates qui imposent... un joug presque servile à l'infinie multitude des prolétaires ». La tirade ébahit beaucoup d'anticléricaux convaincus du conservatisme indécrottable de l'Église et choqua jusqu'au tréfonds les grands industriels. De ce jour, ces ardents partisans du laissez-faire soupçonnèrent la papauté de conspirer avec les socialistes. Disons à leur décharge qu'il y avait de quoi être surpris : Pio Nono aurait été incapable de se pencher sur le sort du prolétariat, encore moins d'intituler un texte *Rerum novarum* (Des choses nouvelles)… sauf à y ajouter *et horribilium* ou pire !

Mort en 1903, Léon XIII a régné pendant 25 ans, plus longtemps qu'aucun pape sauf Pie IX. Par sa modération et sa chaleur humaine, il avait réussi à tempérer le militantisme de son Église, au grand soulagement des catholiques libéraux, notamment des réformateurs sociaux. Son lointain héritier avait 21 ans. Léon l'avait profondément marqué. Pour les humbles comme Angelo et sa famille, le pape était un trait d'union entre le passé et le présent, l'incarnation de l'histoire et de la civilisation italiennes.

Comment concilier l'inflexible et arrogante mentalité pontificale avec la douce religiosité des Roncalli ? Traditionalistes, fervents partisans de la cause pontificale, ils adhéraient sans réserve aux politiques du Saint-Père, mais ses directives n'avaient guère d'écho dans leur vie quotidienne. Pour déchiffrer la trame des relations humaines dans leur milieu, nous aurions besoin d'une histoire sociale de la Lombardie qui reste, hélas, à écrire.

Tentons quand même d'esquisser une explication. La culture catholique possède deux faces bien distinctes, l'officielle et la populaire. La première, incarnée par le pape et le haut clergé, vise à imposer une « ligne » doctrinale et

politique (laquelle peut varier selon les époques). La dévotion populaire est sacramentelle, affective, sensuelle, fraternelle… tout sauf autoritaire. Nulle part mieux qu'en Italie
peut-on observer cette dichotomie : les fulminations vati-
canes y sont aussi prévisibles que l'indifférence des fidèles
supposément concernés. Pour s'en convaincre, il suffit de
penser au pontificat de Pio Nono. Sous l'avalanche des
interdictions papales, les Italiens mangeaient, aimaient,
rêvaient, imploraient leurs saints préférés, cachaient les
opposants au pape et préparaient la révolution, comme le
racontera Puccini dans *Tosca*, un opéra qui se déroule en
1800 dans une Rome soumise au répressif régime pontifical et qui fut joué pour la première fois en 1900 dans la
capitale du nouvel État italien. L'Italie est un pays de contradictions gaillardement assumées où on peut parfaitement avoir un oncle évêque et un autre député socialiste et
où personne ne s'étonne de voir des ennemis apparemment irréconciliables éprouver en secret de l'amitié l'un
pour l'autre comme le curé et le maire communiste des
délicieux *Don Camillo*.

Non que les Italiens soient schizophrènes : ils sont sincèrement croyants et tout aussi sincèrement rebelles. Affaire de tradition, non de contradiction. Le résultat, c'est
un christianisme « instinctif », façonné par une culture religieuse pluriséculaire, la plus ancienne du monde chrétien.
Pour moi, rien ne décrit mieux cette mentalité que le

célèbre aria de Floria Tosca, la flamboyante héroïne de
Puccini :

Vissi d'arte, vissi d'amore
Non feci mai male ad anima viva!

J'ai vécu d'art, j'ai vécu d'amour
Je n'ai jamais fait de mal à âme qui vive!

   Embellir le monde, faire le bonheur des siens, ne blesser
personne : tel est l'idéal italien, mi-laïque mi-religieux. Il
explique le meilleur (et parfois le pire) de cette société.
C'est ce trait-là de la famille Roncalli qu'aucune référence
à l'histoire pontificale ne saurait expliquer. La présence
familière des saints est, à cet égard, beaucoup plus éclai-
rante. Le pape est un père lointain, mais les traces laissées
par saint François à Assise sont aussi nettes que celles de
don Bosco, aujourd'hui, à Turin. Les saints sont nos oncles,
nos frères, nos sœurs : des gens sensibles, affectueux, qui
parlent avec leurs mains comme nous. La Madone, mais
elle habite au bout de la rue ! La domestication du divin
qui scandalisait tant les calvinistes au XVIIᵉ siècle a préservé
le catholicisme italien du dogmatisme desséchant de la
papauté.
   L'un des saints familiers de Sotto il Monte est le curé de
la paroisse. Comme beaucoup de prêtres bergamasques,
Francesco Rebuzzini a adhéré à la discipline tridentine sans
abjurer son humanité. Ses paroissiens apprécient à sa juste

mesure son immense chaleur humaine et son imperturba-
ble sérénité. Il fascine Angelo, qui mémorise l'exhortation
attribuée à saint Bernard suspendue dans son bureau :

> Paix dans la cellule ; guerre féroce au-dehors.
> Attention et respect à tous ; foi en quelques-uns.
> Ne crois pas tout ce que tu entends ;
> Ne juge pas tout ce que tu vois ;
> Ne fais pas tout ce que tu peux ;
> Ne donne pas tout ce que tu possèdes ;
> Ne dis pas tout ce que tu sais.
> Prie, lis, médite, fais silence, sois en paix…

Sages conseils pour un prêtre célibataire aux prises avec
les tourmentes du quotidien, singulière lecture pour un
garçon de dix ou onze ans ! Et pourtant, cette sobre médi-
tation sur la sérénité enchante tellement Angelo qu'il l'apprend par cœur pendant ses leçons de latin. (Le curé avait
pris la relève de l'instituteur, qui n'avait plus rien à lui
enseigner.) C'est qu'il aspire déjà à la prêtrise — « Il n'y a
pas un instant de ma vie où je n'ai pas souhaité être prêtre », confessera-t-il plus tard — et tente ainsi d'acquérir la
formidable sérénité pastorale de son modèle. Il devait être
un garçon drôlement sérieux.

Son enfance s'achève brusquement, juste avant son
12e anniversaire, quand il part pour le séminaire de Bergame. Voué à l'Église, il ne reviendra plus dans sa famille
que pour de brèves vacances. Une missive de lui à ceux qui

vivent «la douleur d'une séparation» évoque les effets de cet exil précoce: «Il est juste que nous souffrions. Nous sommes faits pour nous aimer éternellement. Ce sentiment doit pouvoir s'exprimer et peut être une cause de chagrin.» Sa conclusion reflète l'optimisme et la foi qui ne l'abandonnaient jamais: «Ainsi méritons-nous la douceur de la réconciliation finale.»

Il a bien besoin de cet optimisme inné dans la sévère forteresse où les futurs prêtres sont formés selon les stricts décrets tridentins. L'Église entend ainsi exclure de ses rangs tous les non-conformistes qui faisaient sa richesse humaine au Moyen Âge, des gredins aux grands réformateurs. Le séminaire est un moule qui produit en série des prêtres à l'épreuve du scandale et de la rébellion: les évêques peuvent dormir tranquilles.

L'apparence est le principal souci des formateurs; le séminariste doit *paraître* d'une morale angélique en toute circonstance. Les premières lignes du journal spirituel qu'Angelo tiendra jusqu'à la fin de sa vie sont une pieuse transcription du premier canon de Trente sur la réforme du clergé:

Les prêtres appelés à être la part du Seigneur doivent régler leur vie et toute leur conduite de telle sorte que dans leur habit, leur maintien, leur démarche, leur manière de parler et dans tout le reste, ils ne laissent rien paraître que de sérieux, de retenu et de conforme à la religion. Qu'ils évitent même les moindres fautes, qui en eux seraient considérables, afin que toutes leurs actions inspirent un sentiment de vénération.

Parfaitement compréhensible quand on le replace dans son contexte — une Église minée par les scandales de mœurs — ce texte est un poison pour les adolescents, car il prône un conformisme béat qui étouffe leur personnalité et les amène à se tromper eux-mêmes. L'étonnant, chez Angelo, ce n'est pas qu'il ait parfois été pris aux pièges de cette « formation », mais qu'elle ne l'ait pas irrémédiablement déformé. Qu'apprend-il, en effet ? À marcher dans la rue les yeux baissés, toujours en compagnie d'un autre séminariste ; à ne jamais croiser le regard d'une femme ; à dormir sur le dos, un rosaire autour du cou et les bras croisés sur la poitrine pour retenir ses mains en cas d'érection nocturne. Même inconsciente, une masturbation est un péché mortel qui vous expose à la damnation éternelle tant que vous ne vous êtes pas confessé. Depuis qu'on communie tous les jours dans les séminaires, les confessionnaux sont très fréquentés au petit matin, juste avant la messe ; rappelons qu'il est interdit de recevoir l'Eucharistie en état de péché mortel. À l'époque d'Angelo, on communiait au plus une fois par semaine, il était donc plus facile de se faire absoudre en toute discrétion.

Sur ce sujet-là, Angelo est muet comme une carpe. Son journal n'exprime pas une trace de l'angoisse qui saisit l'adolescent confronté à sa sexualité naissante. Tout juste une vague référence à des «actes de ce genre, même non coupables» — les éjaculations nocturnes — et une ferme résolution de pratiquer «la plus grande modestie à l'égard de mon corps». Que pourrait-il raconter d'autre? Si son journal ressemblait à la complainte complexée du jeune Portnoy, il ne ferait pas de vieux os au séminaire. De l'humble rejeton de paysans résignés, héritier de générations laborieuses et soumises, on ne saurait attendre l'autocomplaisance de la classe moyenne américaine dans les années cinquante. Aussi bien la réserve d'Angelo serait-elle totale même s'il n'était pas cloîtré au séminaire. En vérité, il n'a qu'une alternative s'il veut réaliser son plus cher désir : ou bien il apprend à prêcher la pureté tout en satisfaisant discrètement ses appétits, comme plus d'un prêtre après Trente ; ou bien il s'applique à maîtriser ses pulsions, tel un athlète voué à une vie de discipline et d'abnégation. Angelo a choisi la seconde voie. Comme tout jeune sportif, il ne mesure pas bien le prix de cette ascèse.

En 1900, sa discrétion naturelle lui vaut de petites récompenses. Si nous ignorons tout des épreuves que lui a infligées la puberté, nous savons qu'elle lui avait donné une belle voix de ténor. Elle lui vaut d'être nommé maître de chant, c'est-à-dire responsable de la préparation des chants liturgiques. Il devient en outre préfet des séminaristes, poste qui s'apparente à celui de président de classe (non élu) et l'introduit dans l'administration. Il fait son premier pèlerinage romain dans le cadre de l'année sainte et entrevoit son héros Léon XIII, alors âgé de 90 ans. Enfin, son évêque lui apprend qu'il a été accepté au séminaire romain. On connaît peu d'évêques italiens qui n'y aient pas étudié, aussi peu de prélats étrangers qui n'aient pas séjourné à l'académie romaine parrainée par le collège épiscopal de leur pays, encore moins d'anciens élèves de ces établissements qui n'aient pas reçu la mitre. Angelo est en selle.

Il découvre avec ravissement la splendeur des cérémonies, les plaisirs du théâtre, la qualité de l'enseignement au séminaire (beaucoup plus stimulant qu'à Bergame). Il vient tout juste de remporter son premier prix d'excellence pour un devoir en hébreu lorsque l'armée l'arrache à ces nouveaux délices. Le pape refusant de reconnaître l'État italien, tous les séminaristes doivent faire leur service militaire. L'Église fait comme si nous n'existions pas ? Faisons comme si elle n'existait pas ! Le 30 novembre 1901, le soldat Roncalli se présente à la caserne Umberto Ier de… Bergame. Une bonne âme s'est débrouillée pour que le jeune homme puisse voir les siens durant ses permissions et ne souffre pas outre mesure des rigueurs de la vie militaire. Bel exemple de la manière dont les Italiens tempéraient les effets de la guéguerre entre l'Église et l'État ! Plus sérieux et discipliné que ses camarades, Angelo est promu caporal, puis sergent, montre quelque aptitude pour le tir, mais se retrouve aux arrêts pour « insubordination » de ses hommes. Comment cet innocent séminariste aurait pu imposer son autorité à des garçons qui passaient leurs permissions au bordel et n'avaient rien de plus pressé au retour que de raconter leurs exploits, on se le demande.

Angelo est écœuré : « L'armée est une fontaine d'où s'écoule une pollution capable de submerger les villes. Qui peut espérer échapper à ce flot de pourriture si Dieu ne lui vient en aide ?... Je n'imaginais pas que l'homme puisse tomber si bas... Après cette brève expérience, je suis persuadé que plus de la moitié de l'humanité [il veut sûrement dire : des hommes] ne rougit pas d'imiter les bêtes. » Il ne parle pas de crimes de guerre, mais de banales coucheries. Nous voyons là son plus mauvais profil, celui d'un garçon de vingt ans sur la défensive, honteux de son inexpérience, humilié de se savoir « la risée de tout le monde ». Il s'améliorera avec le temps. À l'approche du terme de l'épreuve, son soulagement est palpable : d'autres séminaristes et même des prêtres ont succombé. Pas lui : « Je pouvais perdre ma vocation comme tant d'autres pauvres malheureux, et je ne l'ai pas perdue : la sainte pureté, la grâce de Dieu et Dieu lui-même ont permis cela. Je suis passé à travers la boue, et Dieu a empêché que j'en sois souillé. » Manifestement, il croit qu'un seul manquement à la chasteté serait une faute irréparable. Dans son milieu, la perte de la virginité était aussi grave pour le garçon que pour la fille.

Quand on avait croqué dans la pomme, on était à jamais exclu du paradis terrestre.

Angelo retourne au séminaire vibrant de «passion de l'étude», brûlant de «tout savoir, de connaître tous les auteurs de valeur, de [se] mettre au courant de tout le mouvement scientifique dans ses multiples directions». On sent qu'il commence à secouer les chaînes intellectuelles de sa formation même s'il reste englué dans son puritanisme sexuel. Un esprit moins fort aurait des ambitions plus modestes. «*Tout* savoir» a une résonance faustienne; et parmi «*tous* les auteurs de valeur», il y en a pas mal qui figurent à l'Index. Alors que la plupart de ses professeurs méconnaissent ou méprisent le «mouvement scientifique» — en italien, l'expression désigne tous les domaines de la recherche scientifique, pas seulement les sciences pures — Angelo se passionne pour la grande aventure de son temps et perçoit même un courant connexe qu'il appelle «le mouvement de progrès de la culture catholique». Il pressent que, sous sa surface placide, la ville dont l'évêque est un exilé volontaire est traversée de puissants remous.

Le courant révolutionnaire vient de France: il atteint vite l'Italie. Des hommes comme Alfred Loisy, Marc Sangier et Louis Duchesne lancent des revues, fondent des mouvements, donnent des conférences, écrivent des livres qui galvanisent les intellectuels catholiques. Pour ces nouveaux philosophes, le christianisme s'accorde parfaitement avec

la démocratie, et la religion n'est pas l'ennemie de la modernité : pour le prouver, ils s'appliquent à réinterpréter
l'histoire, la théologie, les études bibliques et à renouveler
la pensée politique. Ils s'appuient sur les travaux des théologiens libéraux de la génération précédente, en particulier
l'Allemand Ignaz von Döllinger et les Anglais Lord Acton
et John Henry Newman (que Léon a fait cardinal dans son
vieil âge). Face au passéisme de Pio Nono, ces trois hommes avaient plaidé pour une analyse darwinienne, évolu-
tionniste, de l'histoire politique et ecclésiastique, du dogme
catholique, même du Nouveau Testament. Rien, arguaient-
ils, n'est donné à l'homme dans sa forme finale. Sur le
Christ et son Église comme en matière scientifique, la
vérité n'est pas une révélation, mais une patiente découverte — très patiente, même.

D'instinct, Angelo appartient à ce camp-là, mais sa
nature prudente l'empêche de trop s'écarter de l'orthodoxie. Pas question de faire table rase du passé : il entend
préserver ce qu'il y a de valable dans l'héritage, tout spécia-
lement, nous le verrons, le legs spirituel d'un certain nombre d'hommes d'Église dont la largeur d'esprit et de cœur
l'inspirent particulièrement. C'est dans cet esprit qu'il ter-
mine ses études, reçoit son doctorat en théologie et est
ordonné prêtre, le 10 août 1904, dans la ravissante église de
Santa Maria in Monte Santo, sur la Piazza del Popolo.
Léon XIII, le pape qu'il aimait tant, est mort un an plus tôt.

Son successeur ne lui ressemble guère. Giuseppe Sarto s'est choisi un nom inquiétant : Pie X. Il ne tardera pas à peser sur la vie d'Angelo.

DU SECRÉTAIRE À L'HISTORIEN

Pie X est le fils d'une couturière et d'un facteur de village. Il vient d'un milieu aussi humble qu'Angelo, mais ne possède pas un iota de la curiosité que montrait Angelino dès sa première année d'école pour les idées neuves au travers, notamment, des figures historiques qui les avaient incarnées. Persuadé que les débats d'idées ne font que troubler les fidèles, le nouveau pape abhorre l'activité intellectuelle et prône une soumission aveugle au souverain pontife, unique détenteur de toutes les vérités essentielles, comme panacée aux maux du monde moderne. La lettre pastorale qu'il avait rédigée après sa nomination au patriarcat de Venise contenait déjà cette phrase lapidaire à propos du vicaire du Christ : « Il ne peut y avoir de questions, d'atermoiements, de droits individuels opposables aux siens, mais uniquement obéissance. » On était prévenu.

Pie X a les traits réguliers et placides d'un pape de cinéma, mais ce noble masque cache un homme terrifié. Il redoute ce qu'il ne connaît pas, se défie de tout le monde à l'exception d'une petite clique dévouée à sa personne. Était-il paranoïaque ? Ce n'est pas impossible. Chose certaine, il n'était pas le premier choix des cardinaux ; le conclave aurait élu le cardinal Rampolla, secrétaire d'État du précédent pontife et porte-drapeau libéral de la curie, si François-Joseph, empereur d'Autriche-Hongrie, n'avait pas opposé son veto — le dernier qu'un prince séculier ait exercé dans l'histoire de la papauté. Le nouvel élu s'est empressé de remplacer Rampolla par Rafael Merry del Val, un Espagnol d'une quarantaine d'années aux manières suaves et aux idées atrocement réactionnaires, qui a expulsé Giacomo della Chiesa du secrétariat d'État parce que celui-ci osait conserver son amitié à Rampolla. (Della Chiesa passera quelques années très solitaires à Bologne, la ville la plus anticléricale d'Italie, avant de succéder à Pie X.)

Léon XIII avait exhorté les catholiques français à collaborer avec la République et à faire preuve de civisme. Pie X préfère railler l'État français, ce puits de corruptions, et réussit très vite à réveiller son hostilité latente. Tous les ordres religieux sont chassés de France et leurs biens, confisqués. Fort de ce premier « succès », le pape décide de remédier aux malheurs de son Église. S'instaure alors un véritable règne de la terreur.

En 1907, le Saint-Office (mieux connu sous le nom d'Inquisition) produit un décret intitulé *Lamentabili sane exitu* qui condamne 65 propositions, pour la plupart extraites de *L'Évangile et l'Église*, ouvrage historique de Loisy qui connaît une popularité phénoménale. Basée sur les travaux d'historiens et de biblistes, la thèse honnie fait de Jésus un personnage distinct du Christ, symbole de la foi chrétienne. L'homme appelé Jésus n'aurait pris conscience de sa mission qu'avec le temps. Il n'était pas infaillible, et il n'a pas fondé l'Église, institué ses sacrements ni créé sa hiérarchie (ou son pontificat suprême). Sa résurrection n'est pas démontrée par l'histoire ; il s'agit d'un pur acte de foi. La majorité des théologiens catholiques non réactionnaires en conviennent aujourd'hui.

Le décret *Lamentabili* est suivi de l'encyclique *Pascendi Dominici gregis*, document plein de fiel contre la « doctrine pernicieuse » et « l'audace sans bornes » des « modernistes ». Au Vatican, ce néologisme désigne un nombre indéterminé de chercheurs, au reste assez désunis, qui participeraient d'une conspiration diabolique visant à détruire l'Église en la forçant à souscrire aux règles troubles de la science moderne. C'est contre cette cible amorphe et évanescente qu'est dirigé le missile papal.

Le combat contre l'« hérésie » moderniste occupera totalement Pie X jusqu'à la fin de sa vie. Dans chaque diocèse, un conseil de vigilance (comprenez : d'espionnage) renifle les traces du poison, et une commission de censure épluche les publications. Leurs rapports ne sont jamais divulgués. On exige des prêtres et des enseignants qu'ils jurent publiquement de ne pas diffuser les thèses modernistes, ce qui réduit l'enseignement des séminaires et

collèges catholiques aux thèses ahistoriques et discréditées
de la scolastique, un système de pensée médiéval dont les
thèmes de réflexion n'ont rien à voir avec les grands problèmes contemporains. Angelo avait déjà fini ses études
quand cette mesure fut prise, heureusement pour lui.

La croisade antimoderniste préfigure celle que le séna-
teur américain Joseph McCarthy mènera plus tard contre le
communisme. L'une et l'autre ont meurtri un nombre incal-
culable d'innocents, mais comme la première était dirigée
par le chef de l'Église en personne, ses victimes n'avaient
aucun refuge sûr. (Imaginez que McCarthy ait été président
des États-Unis.) Loisy et beaucoup d'autres penseurs sont
excommuniés. D'éminents professeurs sont réduits au silence, des prêtres d'une grande piété sont révoqués, de
belles carrières ecclésiastiques tournent court. Même les
prélats sont menacés : l'orthodoxie la plus rigoureuse ne
préserve pas des dénonciations malveillantes. Pour les ran-
cuniers, c'est l'occasion ou jamais de régler de vieux comptes ; pour les envieux, de détruire ceux qu'ils jalousent. La
campagne ne connaît pas de frontières. À New York, pépi-
nière (à l'époque) de théologiens libéraux, une publication
diocésaine agaçait depuis longtemps les défenseurs de
l'autorité omnisciente. Son rédacteur en chef, un jeune
prêtre sympathique et dynamique, n'échappa à une sanc-
tion certaine qu'en s'enrôlant comme aumônier militaire.
Francis Duffy devint ainsi le très brave et très aimé père

Duffy dont la statue se dresse aujourd'hui dans Time Square. Tout le monde n'eut pas la possibilité de s'abriter derrière un rempart aussi ferme que l'armée américaine.

L'une des premières victimes de la paranoïa papale est Giacomo Maria Radini-Tedeschi. Confident de Léon XIII, longtemps perçu comme le successeur de Rampolla au secrétariat d'État, il ferait un excellent candidat à la tiare. En attendant, il anime l'Œuvre des Congrès, l'organisation-parapluie des mouvements laïques comme l'Action catholique. Pie X entend bien mâter ces associations indociles, démocrates et modernistes dans l'âme. Coupons-leur donc la tête! Une fois l'Œuvre dissoute, le pape se débarrasse de son illustre aumônier en le nommant évêque de Bergame. Avant de quitter Rome, Radini-Tedeschi prie son vieil ami Vincenzo Bugarini, recteur du séminaire romain, de lui trouver un secrétaire. Et c'est ainsi qu'à 24 ans, Angelo abandonne les études de droit canon qu'il venait d'entamer pour revenir à Bergame comme secrétaire d'un prélat de haute naissance qui n'a nullement l'intention de renoncer à porter le message social de l'Évangile, n'en déplaise au pape.

On ne peut pas dire que les deux hommes soient bien assortis. L'évêque est un homme d'une distinction écrasante, qui respire l'autorité. Chacun de ses gestes trahit la noblesse de ses origines. (Personne en Italie ne porte un double patronyme s'il ne descend d'un très ancien lignage.)

Le secrétaire est un petit rondouillard au visage lunaire et
au pas lourd des paysans : on dirait un fermier déguisé en
prêtre. Malgré tout ce qui les sépare, ils se connaissent
assez bien. Angelo faisait partie de la « vaillante bande de
Romains », comme il le dira plus tard, qui se réunissait
régulièrement sous la houlette de l'évêque pour bavarder
en bonne compagnie et faire tourner les innombrables
entreprises charitables de Radini-Tedeschi : soupes populaires, dortoirs pour les sans-abri, centres de loisirs pour les
soldats. Angelo n'essaiera jamais d'imiter le style impérial
de son aîné — il s'en savait incapable — mais son admiration initiale se muera en une révérence sans borne pour
ce père spirituel très aimé, qu'il appellera toujours —
même devenu pape — *il Mio Vescovo*, Mon Évêque, avec la
majuscule s'il vous plaît.

Radini-Tedeschi prend possession de sa cathédrale le
9 avril 1905 et lance aussitôt d'innombrables, dixit Angelo,
chantiers de modernisation (qui ne porteront pas ce nom-
là, le Vatican ayant banni le mot du vocabulaire catholique) : rénovation de la cathédrale, construction d'une
résidence pour remplacer un palais épiscopal pourri et
pestilentiel, installation de l'eau courante, du chauffage
central, de laboratoires de science et d'un gymnase au
séminaire. L'archevêque visite chaque paroisse de son
diocèse, invite tous les fidèles à une renaissance spirituelle.
Sa généreuse contribution publique à un fonds de grève

enrage les conservateurs. Sa première lettre pastorale traite de l'Action catholique, qu'il appelle à se montrer particulièrement active « là où la justice et la charité sont le plus manifestement offensées… Elle doit concilier autorité et liberté, asseoir son unité sur la coopération de tous au bien commun et sur la confiance mutuelle entre tous les êtres humains et toutes les classes sociales ». Dans l'Italie d'alors, un évêque n'aurait pas pu pousser plus loin son opposition au pape.

Radini-Tedeschi paie son indépendance au prix fort. Les espions pontificaux se présentent à répétition chez lui pour des visites apostoliques (qu'il rebaptise « vexations apostoliques ») aux objectifs indéfinis. Il vit entouré d'informateurs avides d'expédier au Vatican le moindre ragot sur son compte. « Durant ses dernières années, écrira Angelo, il était dans l'incertitude et se demandait s'il avait encore la confiance du Saint-Père. »

L'évêque ravit son secrétaire en apportant son soutien moral et financier au syndicat qui, en 1909, lance une grève contre l'immense usine textile de Ranica, en bordure de Bergame. « L'aumône épiscopale est une consécration de la grève, geint le quotidien ultra *Perseveranza*, une bénédiction à une cause clairement socialiste. » Angelo réplique dans le journal *La vita diocesana* : « Le prêtre qui mène sa vie à la lumière des enseignements de l'Évangile ne peut pas passer son chemin. » Il fait allusion à la plus grande parabole du Christ, celle du bon Samaritain, dans laquelle un païen charitable accomplit le geste chrétien par excellence en aidant un homme laissé pour mort par des voleurs tandis que des parangons d'orthodoxie passent sans s'arrêter de l'autre côté du chemin. Mieux : un évêque a «un devoir de charité à l'égard des faibles qui souffrent pour le triomphe de la justice… prétendre qu'il ne devrait pas embrasser la cause des opprimés », c'est oublier que dans les évangiles, «le Christ montre une *préférence* pour les déshérités, les faibles et les opprimés ». Au tout début du XXe siècle, Angelo anticipe déjà la thèse centrale de la théologie de la libération qui surgira en Amérique latine dans les années 1970 et emploie même l'expression qui deviendra son leitmotiv : la préférence pour les pauvres.

Une main inconnue découpera l'article et l'enverra au cardinal Gaetano de Lai, membre influent de la congrégation qui supervisait les séminaires ainsi que les nominations et dépositions épiscopales. Il grossira le dossier Roncalli qui s'étoffait régulièrement dans l'ombre de celui de Radini-Tedeschi. Jean XXIII l'y retrouvera quand il réclamera son dossier aux fonctionnaires consternés de sa curie.

Pie X brûle désormais d'une haine si vive contre tout et tous que l'humble secrétaire épiscopal sera bientôt léché par les flammes. L'année de son ordination, Angelo a assisté à une conférence de Marc Sangier, chef du mouvement français pour une démocratie chrétienne que le pape s'apprêtait à condamner. Lors de son ordination, il s'est fait assister par un ami devenu prêtre un an avant lui. Le brillant Ernesto Buonaiuti est, hélas, très mal vu au Vatican. (Il sera l'objet d'une triple excommunication pour avoir publiquement défendu le modernisme, comme tous ceux qui protestèrent contre l'encyclique *Pascendi*.) L'année suivante, Angelo s'est lié avec le cardinal Andrea Carlo Ferrari, archevêque de Milan, qu'il a rencontré peu après son arrivée à Bergame et qui est devenu son directeur de conscience. Le premier prélat d'Italie du Nord a eu le courage de diffuser une lettre pastorale condamnant les zélotes qui reniflent des modernistes dans tous les placards. Pie X le déteste et se plaît à faire des plaisanteries douteuses sur lui. Tous ces indices de déviance sont venus gonfler le dossier Roncalli.

En pensée, sinon en parole, Angelo récuse ces excès de zèle. Pie X, qui lit volontiers les journaux, envoie souvent de petits bijoux de perfidie anonyme aux quotidiens les plus intransigeants. L'un de ses préférés est le *Riscossa* milanais. Véritable plaie au flanc de Ferrari, il a pour devise *Frangar, non flectar* (plutôt rompre que plier). Angelo adopte le mot d'ordre inverse : *Flectar, non frangar* (plutôt plier que rompre). Peu avant son ordination, il avait confié à son journal ses aspirations intellectuelles et spirituelles :

Je ne méprise pas la critique, et à plus forte raison, je me garderai bien de penser du mal des critiques ou de leur manquer de considération; au contraire, j'aime la critique, et je suivrai avec passion les derniers résultats de ses recherches, je me mettrai au courant des nouvelles théories, de leur développement incessant, et j'en étudierai les orientations; pour moi, la critique est lumière, elle est vérité, et la vérité est sainte et il n'y en a qu'une. [Il veut dire qu'il ne peut y avoir de contradiction entre la suprême lumière du Christ et d'autres vérités.] Toutefois je m'efforcerai toujours d'apporter dans ces discussions, où trop souvent les enthousiasmes inconsidérés et les apparences trompeuses prennent le dessus, une grande modération, une harmonie, un équilibre et une sérénité de jugement qui n'iront pas sans une largeur de vues prudente et circonspecte.

Il n'a pas oublié don Rebuzzini, le curé de Sotto il Monte qui avait été son premier père spirituel, mais le champ d'application de son idéal déborde maintenant la vie personnelle du prêtre; il y voit un moyen d'apporter la paix à une Église déchirée par la controverse et à un monde en ébullition. Modération, harmonie, équilibre, sérénité: quatre mots qui n'auraient jamais échappé à la plume de Pie X.

À l'automne de 1906, Angelo participe à un pèlerinage en Terre sainte organisé par son diocèse. Devant la mer de Galilée, son esprit ravi lui représente Jésus bénissant son troupeau à bord du bateau de Pierre. Sur les lieux de la résurrection du Christ, il est atterré par « le désordre et la confusion des hommes, des choses, des langues, des rites, des croyances qui entourent le Saint-Sépulcre ». L'endroit demeure un symbole de la douloureuse désunion des chrétiens ; les représentants des différentes traditions s'ignorent superbement. Bouleversé, Angelo prie pour la réunion des « frères séparés ». Il pressent avec une force croissante que sa vocation est de prêcher l'union et l'harmonie à ce monde désemparé.

L'attitude du pape régnant ne peut que l'ancrer dans cette conviction. Elle trouble Angelo depuis qu'il a assisté au couronnement de Pie X à Saint-Pierre : « L'arrivée du pape fut saluée par un tonnerre d'applaudissements et de vivats. Il baissa la tête un instant ; quand il la releva, ses yeux étaient pleins de larmes. Alors, la foule se tut. » Il n'ajoute rien à cette observation, mais le silence de ce jeune homme aussi bien disposé que possible à l'égard du nouveau pontife est, comme le silence de la foule, un signe éloquent du malaise qu'il ressentit devant cette étrange réaction.

En 1908, une délégation du diocèse de Bergame présente au pape un plateau rempli de pièces d'or d'une valeur de 25 100 lires en l'honneur du 50e anniversaire de son ordination. Chargé de remettre l'offrande à son destinataire, Angelo est effaré par sa réaction : « Après l'hommage, Pie X a parlé avec tant d'anxiété des périls de notre temps et des pièges que le Malin tend aux catholiques qu'il en a complètement oublié de nous remercier pour notre cadeau. » Lui, si jeune encore, possède plus de dignité et de maîtrise de soi ! Ce pape qui « se laisse envahir par la peur et montre publiquement son anxiété » ne sait pas se conduire. Angelo préfère de loin l'attitude de Radini-Tedeschi. Jamais l'évêque ne laisse voir qu'il souffre de la piètre estime du pape.

Angelo serait encore plus stupéfait s'il entendait le langage de Pie X dans l'intimité. « La bonté, c'est pour les imbéciles », grogne-t-il quand on le prie de montrer quelque compassion pour un suspect de modernisme. Ces gens-là « veulent qu'on leur passe de la pommade alors qu'ils méritent de bons coups de poing. Dans un duel, on ne mesure pas ses coups, on ne les amortit pas, on frappe aussi fort qu'on peut. La guerre ne se fait pas avec charité. » Le ton évoque plus le président Nixon que le sermon sur la montagne : à se demander si Pie X l'a jamais lu ! Faut-il s'étonner que Jean XXIII ait demandé à voir, outre le dossier Roncalli, la *Disquisitio* préparée en prévision de la béatification de Pie X ? Pie XII l'avait non seulement béatifié, mais canonisé, reconnaissant par le fait même, outre son élévation au paradis, son rôle de modèle héroïque. Si la curiosité peut expliquer le désir d'Angelo de consulter son propre dossier, c'est sûrement la perplexité qui l'a incité à lire le rapport justifiant la sanctification du singulier pape Pie X.

En 1906, il avait donné des cours sur l'histoire de l'Église au séminaire. Après son transfert à Bergame, il reprend cet enseignement devant un public laïque à la Casa del Popolo. Son ami le cardinal Ferrari le laisse fouiner à sa guise dans l'ancienne bibliothèque de l'évêché milanais. Angelo y a déniché «trente-neuf volumes de parchemin qui portaient l'inscription *Archivio Spirituale — Bergamo*». Il s'y plonge, lit toute la collection. «Quelle agréable surprise pour moi! Je rencontrais là des documents très copieux et intéressants sur l'Église de Bergame, à l'époque la plus caractéristique pour le renouvellement de sa vie religieuse, au lendemain du concile de Trente, dans la brûlante ferveur de la Contre-Réforme catholique.» Tandis que Pie X «réforme» l'Église en expédiant ses visiteurs apostoliques dans tous les diocèses, Angelo découvre un éblouissant précédent historique du genre de réforme à laquelle il aspire instinctivement.

À l'époque de la Contre-Réforme, Bergame relevait encore de l'archevêché de Milan. Le prélat dont les visites aux paroisses de la ville sont consciencieusement consignées dans l'*Archivo* est Charles Borromée, le grand saint de la Réforme catholique, l'homme qui a donné le courage d'aboutir aux tièdes participants à la troisième séance du concile de Trente. Sans lui, le concile n'aurait peut-être rien accompli du tout. Il impressionnait vivement ses contemporains par sa noblesse et sa bonté. Neveu du Médicis

Pie IV, il employa toute sa fortune personnelle et les revenus de son diocèse à soulager la misère. Il exigeait de ses
prêtres une conduite digne, un travail pastoral sérieux et
une bonne connaissance de la théologie. Il fit construire
trois séminaires dont celui d'Angelo à Bergame. Il fonda la
Confraternité de la doctrine chrétienne pour rénover la
catéchèse, c'est-à-dire l'enseignement oral de la religion
aux laïques, en particulier aux enfants. Il obligea les ordres
religieux à respecter leur vœu de pauvreté et, même, à vendre d'immenses possessions. Une congrégation particulièrement riche et d'autant plus récalcitrante, les *Humiliati*,
s'en irrita tellement que ses membres décidèrent de l'assas-
siner durant les vêpres. Ils ne réussirent qu'à le jeter par
terre, la balle ayant ricoché sur ses vêtements. Double
humiliation pour les *Humiliati*!

Charles Borromée était peut-être à l'épreuve des balles,
mais la famine qui frappa Milan au début de la décennie
1570 et la peste qui suivit en 1575 usèrent prématurément
ses forces (sans parler des pénitences qu'il s'infligeait). Son
dévouement lui valut l'adoration des Milanais, peuple
désabusé s'il en est. L'évêque resta dans la ville désertée par
sa noblesse, ses dirigeants (dont le gouverneur) et bon
nombre d'ecclésiastiques, inspirant beaucoup de petites
gens à quitter leur refuge alpin pour venir soigner les
malades et les agonisants. Il s'arrangea pour donner leur
pain quotidien aux 60 000 à 70 000 habitants que la fuite

des marchands condamnait à la disette ; toutes ses ressources y passèrent, et il dut s'endetter lourdement. Au travers de ce labeur herculéen, il soignait les pauvres, visitait les mourants, pleurait à chaudes larmes sur leur sort — non sur le sien, comme Pie X. Quand il expira, une nuit de novembre 1584, au terme d'une vie riche en aventures de toutes sortes, il avait à peine 46 ans.

Voilà le genre de saint dont Angelo peut et veut s'inspirer : un prêtre soucieux du bon fonctionnement de l'Église, un évêque qui prêche la sainteté par l'exemple, un chrétien qui tient l'esprit de pauvreté, la miséricorde, la douceur, le pacifisme — les grandes béatitudes du sermon sur la montagne — pour les plus hautes vertus des saints. Charles Borromée ne comptait pas sur des visiteurs pontificaux pour réformer son diocèse, mais sur son propre ministère et ses relations avec ses concitoyens. Quand il accompagne Radini-Tedeschi dans ses visites pastorales à Bergame, qu'il observe ses échanges si chaleureux avec les fidèles, Angelo a le sentiment de marcher dans les traces du grand saint qui a fait ces tournées-là avant eux. Il est le témoin privilégié du travail pastoral d'un évêque, de son souci des autres, des méthodes humbles, mais ô combien efficaces de la sainteté en action.

L'*Archivio* de Bergame sera l'œuvre de sa vie d'érudit : il éditera ses 39 volumes en cinq tomes commentés qui paraîtront en 1936, 1937, 1938, 1946 et 1957, l'année précé-

dant son élection. Ayant trouvé en Charles Borromée le
prêtre et l'évêque dont il veut s'inspirer, Angelo va maintenant chercher dans ses chers livres un modèle d'érudition
qu'il puisse adopter avec autant de confiance.

L'élu est Cesare Baronius, un prêtre italien qui a vécu à
la charnière des xvie et xviie siècles et appartenait à la congrégation de l'Oratoire fondée par saint Philippe Neri.
Fait cardinal par Clément VIII (1592-1605), il lui aurait sans
doute succédé s'il n'avait pas supplié les électeurs de choisir quelqu'un d'autre. Ces détails de sa vie et sa défense
des prérogatives papales garantissent son orthodoxie,
bien qu'il soit le père de l'histoire ecclésiastique critique.
(En toute justice, on devrait dire qu'il est le père de
l'histoire moderne. Arnaldo Momigliano, l'incomparable
historiographe du xxe siècle, considère en effet qu'entre le
xvie et le xviiie siècles, l'histoire ecclésiastique, notamment
celle de l'Église primitive, dépassait largement les autres
types d'histoire par son érudition et la rigueur de sa critique des sources : « Aucune œuvre historique profane, tran-
che-t-il, ne se compare aux *Centuries* de Magdebourg ou
aux *Annales* de Baronius. ») Ce proche de Robert Bellarmin,
pilier de la Contre-Réforme et de l'orthodoxie, est donc
l'inventeur de l'interrogation rationnelle et de la critique
des sources que Pie X réprouve catégoriquement. Il devrait
constituer un refuge intellectuel assez sûr contre la furie
antimoderniste.

L'historien Baronius croit en effet passionnément, comme Angelo, à la «dimension surnaturelle» de l'histoire, si difficile qu'elle soit à saisir. «En considérant les faits à la lumière des idées, note son émule, Baronius est parvenu à réunir les fils épars de l'histoire, même séculière, et en a dégagé la merveilleuse ordonnance qui mène au triomphe de l'idée maîtresse de l'histoire mondiale, à savoir l'action de la divine Providence qui fait converger les actes humains vers la victoire de la Cité de Dieu.» Évolution fulgurante! Le petit paysan devenu séminariste docile, puis prêtre timide est à présent un intellectuel compétent, capable de trouver dans ses propres recherches et réflexions une solution originale et équilibrée à la crise en apparence insoluble provoquée par la campagne antimoderniste. Associant les histoires sacrée et profane, sa solution admet qu'une évolution — une convergence graduelle des actes humains vers un but — doit être intégrée à l'analyse historique pour que celle-ci apporte des réponses satisfaisantes et permette d'envisager l'avenir avec quelque espoir.

Au début de décembre 1907, don Roncalli donne une conférence au séminaire de Bergame en l'honneur du troisième centenaire de la mort de Baronius. L'avent, période de réflexion sur l'histoire du salut, vient de commencer. Angelo a choisi de traiter des rapports entre la foi et la recherche scientifique. L'encyclique *Pascendi* a été publiée quatre mois auparavant ; il sait à quoi il s'expose. Il est tout de même déterminé à s'opposer, humblement mais fermement, à ceux qui voudraient bannir la critique scientifique sous prétexte de défendre la foi. Il a trouvé une solution au dilemme, et il a bien l'intention de la partager. Les auditeurs bien informés tremblent pour lui en l'entendant rappeler « les progrès merveilleux de l'histoire scientifique depuis quelques années » et faire l'éloge de la critique historique inventée par son cher Baronius, « quoi qu'en disent certains chercheurs allemands, entre autres, qui croient détenir le monopole de la vérité (il fait allusion à ceux qui, comme Bultmann, analysent alors le contenu historique de la Bible sans tenir compte de l'exégèse ultérieure)… comme si l'Église craignait la lumière qui peut surgir de cette critique ». C'est bien ce qu'elle redoute, en la personne de Pie X en tout cas, mais l'Église d'Angelo, c'est celle de Léon XIII, de Baronius, de Charles Borromée, de sa mère et de son oncle Zaverio : elle est infiniment plus généreuse et fervente, mystérieuse et constante que l'organisation hargneuse installée au Vatican.

Angelo décrit ensuite ce qu'il appelle l'état de la pensée religieuse : « La remarquable période historique préparée par la Renaissance païenne et amorcée par la Réforme allemande n'est pas encore achevée à l'aube du XXe siècle. » Les problèmes qu'elle a posés ne sont pas réglés. Au contraire, ils ont été exacerbés par le positivisme, philosophie matérialiste qui prétend tout expliquer par la méthode scientifique. La solution ne consiste pas à se voiler la face, mais à relever ces défis intellectuels avec foi, en misant sur « un renouveau de la pensée catholique ».

Quand on songe que le conférencier a tout juste 26 ans et qu'il est parti de rien, il y a de quoi être impressionné. Angelo a mené sereinement sa petite barque à bon port, évitant l'écueil de l'obscurantisme médiéval comme le maelström du positivisme scientifique. Reste à voir comment les espions du pape, qui traînent partout leurs grandes oreilles, vont rapporter la chose à leur maître. En juin, le séminaire a droit à une nouvelle visite apostolique. Giuseppe Moioli, spécialiste du Nouveau Testament, est démis de ses fonctions. Ses collègues échappent au couperet, mais vivent un temps dans la hantise des espions. Rien n'étant arrivé, ils relâcheront leur vigilance et auront presque oublié le renvoi de Moioli quand éclatera la crise suivante.

Un certain monseigneur Giovanni Mazzoleni, chanoine de la cathédrale de Bergame, n'a pas eu sa livre de chair. Il est sans doute responsable de l'expulsion de Moioli et du gonflement régulier des dossiers Roncalli et Radini-Tedeschi. Durant l'automne 1911, il adresse à son ami le cardinal Gaetano de Lai une autre lettre remplie d'insinuations infondées sur l'évêque et le corps enseignant du séminaire. De Lai en retient un « fait » : certains professeurs, dont Roncalli, utilisent dans leurs cours un livre de Duchesne, *Histoire ancienne de l'Église*. L'ouvrage va bientôt être mis à l'Index, mais comment le sauraient-ils ? Il a été chaudement recommandé par certains des *intransigenti* les plus connus et appréciés du pape. À vrai dire, la ligne de démarcation entre orthodoxie et hétérodoxie est devenue tellement floue que la possession de presque n'importe quel livre, l'emploi irréfléchi de presque n'importe quel terme peuvent vous attirer d'énormes ennuis.

De Lai attend que sa proie se trouve dans son antre pour l'attaquer. Le 1er juin 1914, Angelo et son recteur se présentent à son bureau pour une discussion sur les finances du séminaire. Les deux hommes se retirent lorsque De Lai rappelle Angelo. Avec le sourire glacé et le regard éteint que le haut clergé réserve à ce genre de cérémonie, le cardinal murmure : « *Professore*, faites très attention dans votre enseignement des Écritures. » Puis il se tait et enveloppe le jeune homme de son regard inexpressif. Habitué aux circonlocutions italiennes, Angelo est tellement secoué par l'avertissement qu'il prend congé sans articuler un mot. Il passe le reste de la journée en prière dans l'église du Gesù.

Ayant repris ses esprits, il écrit à De Lai qu'il n'a jamais enseigné les Écritures et qu'il est fidèle « aux directives de l'Église et du pape toujours et en tout point ». La réponse du cardinal s'ouvre par une phrase aussi vague qu'inquiétante :

« *D'après les renseignements que je possède*, vous avez lu Duchesne et d'autres auteurs débridés, et vous avez montré de l'intérêt pour cette école de pensée qui tend à dévaloriser la tradition et l'autorité héritées du passé, courant périlleux aux conséquences fatales. » Le dernier mot n'est pas trop fort. De Lai a le pouvoir de révoquer, de défroquer, même d'excommunier.

Plutôt plier que rompre. Angelo répond humblement qu'il ne lit pas ces livres-là, ne fréquente pas ces intellectuels-là, ne connaît pas vraiment l'œuvre de Duchesne (qu'aucun enseignant digne de ce nom ne saurait ignorer en son temps). Il joint tout de même à sa lettre une copie de sa conférence sur Baronius. Ce n'est pas la preuve d'orthodoxie la plus convaincante qui soit pour un De Lai, mais qu'importe : la mort s'apprête à résoudre le problème. Deux ans plus tôt, elle avait pris Zaverio, le cher Barba qui incarnait l'histoire chez les Roncalli, à l'âge de 88 ans. Le 20 août 1914, moins de trois mois après le début de la Première Guerre mondiale, elle emporte Pie X. Deux jours plus tard, Radini-Tedeschi s'éteint à 57 ans. La mort du pape met fin à la terrible purge qu'il avait déclenchée et à la controverse sur le modernisme. L'Église peut enfin renouer avec le monde qui l'entoure — alors même qu'il entame une mutation radicale.

DE L'AIDE-INFIRMIER À L'ARCHEVÊQUE

Pendant que la vie suivait son cours immuable à Sotto il Monte, au séminaire de Bergame et au Vatican, l'Italie avait vécu de stupéfiantes péripéties politiques. Sa glorieuse histoire ne la préservait pas des appétits de ses puissants voisins. À peine libérés de la dictature napoléonienne, ses habitants étaient tombés sous la coupe de l'empire d'Autriche, auquel le Congrès de Vienne avait octroyé la vaste plaine du Pô qui commandait l'accès à l'Europe du Nord. Durant les trois premiers quarts du XIXe siècle, les petits États indépendants de la péninsule avaient servi de laboratoire d'essai pour à peu près tous les régimes de gouvernement imaginables, de la république libérale à la royauté féodale en passant par le bonapartisme et la monarchie constitutionnelle.

L'unification n'y avait pas que des partisans. Le républicanisme à la sauce napoléonienne s'était fait beaucoup d'ennemis : les oligarchies terriennes, exclues du pouvoir et dépouillées de leurs privilèges ; l'Église, spoliée de ses biens ; même les paysans sans terre, appauvris par une réforme qui avait aboli, en même temps que le régime seigneurial, leurs droits ancestraux sur les terres communales et seigneuriales. La vente aux enchères des biens ecclésiastiques et communaux était devenue la principale source de recettes des petites républiques péninsulaires. Or, ce transfert massif de la propriété terrienne modifiait radicalement la donne politique.

Au bout du compte, l'unité s'était faite sous la tutelle de la maison de Savoie, qui régnait à l'origine sur le petit Piedmont, région arriérée du nord-ouest. Cette monarchie plus ou moins constitutionnelle n'accordait à l'assemblée nationale aucun droit de regard sur les grandes questions diplomatiques : alliances, déclaration de guerre... Beaucoup de républicains, y voyant un affront insupportable, conspiraient inlassablement contre le gouvernement au sein de sociétés secrètes comme les francs-maçons. Au total, seule une infime fraction de la population (environ 2 %) avait réellement profité de l'unification et du premier élan de modernisation : les grands propriétaires qui avaient reçu, outre l'exclusivité du suffrage, le droit d'expulser leurs tenanciers.

Peu à peu, la scolarisation avait engendré une classe moyenne capable de s'imposer à l'oligarchie terrienne, mais seuls les artisans urbains et les petits propriétaires terriens avaient profité de cette promotion sociale. Les paysans sans terre avaient sombré dans la misère. Au sein de la noblesse et de la bourgeoisie, parmi les monarchistes comme chez les républicains, beaucoup avaient le sentiment qu'on leur avait volé leur « pays » — Sicile ou Sardaigne, Mantoue ou Modène. Devant tant de confusion, le citoyen catholique, qui ne tirait du régime aucun des avantages d'une authentique démocratie, était bien excusable de préférer une puissance invariable comme la papauté et une institution solidaire comme l'Action catholique à un État indifférent, irréligieux, instable et inédit.

Cette atmosphère volatile devint franchement explosive quand s'y incorporèrent les deux idéologies utopiques qui ont failli détruire l'Europe au xxe siècle : le communisme et le fascisme. La société italienne inclinait par nature au paternalisme et au conservatisme finement dosé. Or, ses habitudes étaient bouleversées jusqu'au tréfonds, et son destin semblait si imprévisible que beaucoup en avaient le vertige. Au début du xxe siècle, tous les hommes adultes capables de lire et d'écrire avaient le droit de vote, mais ce corps électoral représentait moins d'un cinquième de la population masculine. Le conservatisme paternaliste si naturel aux Italiens trouva alors son exutoire dans le *trasformismo*, variante de la démocratie qui substituait à la dichotomie britannique entre partis de gouvernement et d'opposition une coalition sans adversaire notable où tous les intérêts étaient représentés — la gauche comme la droite, la Camorra comme la Mafia. Tout le monde avait voix au chapitre et accès aux finances publiques, ce qui encourageait, voire institutionnalisait la corruption.

Le jeu politique était toutefois troublé par une pléthore d'opposants extraparlementaires — socialistes et anarchistes, syndicats et coopératives, républicains et monarchistes intransigeants — qui paralysaient à qui mieux mieux la vie civile et économique là où leur nombre le leur permettait. Les particularismes régionaux brouillaient encore le tableau : le nord de la Lombardie et la Vénétie étaient des fiefs catholiques, l'Émilie-Romagne appartenait aux socialistes, la Toscane était bourgeoise et radicale en attendant de passer au communisme, le sud s'engluait dans un féodalisme rancunier. Dans chaque région germait une mentalité politique distincte qui perdure encore aujourd'hui. De 1900 à 1914, le Piémontais Giovanni Giolitti réussit à stabiliser le système en s'appuyant sur une large coalition en faveur de la liberté de parole, du suffrage universel pour les hommes et d'une législation du travail. Fragilisé par le développement économique (que stimulait sa politique pragmatique) et par le sentiment d'infériorité des Italiens (qu'attisait l'insignifiance diplomatique de leur pays et le mépris avec lequel Européens et Américains traitaient leurs concitoyens immigrants), son gouvernement se brisa sur l'écueil de la crise européenne. En 1911, l'Italie s'était engagée pour la seconde fois dans l'aventure coloniale, pas en Abyssinie, où elle avait été humiliée, mais en Libye. En 1915, le pays entra en guerre aux côtés de l'Entente russo-francoanglaise, sans le consentement de son parlement. Le roi et ses ministres avaient tout arrangé en coulisse. Pour en arriver là, il avait fallu dénoncer le pacte qui liait l'Italie à l'Alliance austro-allemande et la déclaration de neutralité qui l'avait remplacé. Les partisans de la guerre savaient que les Italiens refuseraient de prendre le parti de l'Autriche, qui occupait toujours Trente et Trieste. Pour que leur armée ait une chance de s'illustrer sur les champs de bataille, un changement d'alliance s'imposait.

Le bloc informe de catholiques et de socialistes modérés qui rassemblait le gros de la population était pacifiste dans l'âme, mais avait été incapable de contrer l'efficace propagande des va-t-en-guerre. D'origines très disparates, bien implantés dans les villes, ces « patriotes » croyaient aveuglément aux vertus régénératrices de la violence. Peu leur importait l'adversaire pourvu que leur pays entre en guerre. Leur avant-garde « futuriste » réunissait des artistes francophiles, anticléricaux et anarchisants qui vomissaient le conformisme bourgeois et tenaient la guerre pour « la seule hygiène du monde ». Elle s'incarnait dans Gabriele d'Annunzio, poète maniériste et machiste qui mit en transes 100 000 manifestants devant le Capitole en brocardant le « puant fumet de la paix » et en accusant Giolitti d'être un « neutraliste », donc un « traître ». Républicains et francs-maçons se croyaient revenus à l'époque glorieuse du *Risorgimento* et rêvaient d'une purification de la démocratie italienne. Un ancien socialiste excédé par les lenteurs du réformisme venait de fonder, avec le soutien de magnats industriels acquis à la guerre, un quotidien très largement diffusé : *Il Popolo d'Italia*. Ce matamore qui comptait sur la guerre pour mettre fin aux «lâches» compromis politiques s'appelait Benito Mussolini. Le mouvement dont son quotidien deviendra l'étendard sera baptisé fascisme.

Le plaidoyer catholique contre la guerre — contre toutes les guerres — Angelo l'a recueilli des lèvres de son évêque mourant. Il avait eu la pénible tâche de lui annoncer que sa fin était proche et veillait l'agonisant, agenouillé à son chevet, quand celui-ci murmura cette prière, la dernière : « Ô mon Jésus crucifié, je vous offre de bon cœur — oui, de bon cœur, Seigneur — les sacrifices de ma vie en union avec le vôtre sur la croix… en expiation de mes péchés et de ceux de mon peuple, pour la sainte Église, pour le pape que vous lui donnerez bientôt, pour mes prêtres, ma ville, mon diocèse, pour tous les religieux où qu'ils soient, pour ceux qui souffrent, ceux qui m'ont aimé comme ceux qui n'avaient pas d'amour pour moi, ceux qui me sont chers, mes relations et mes amis proches ou lointains, pour mon pays… » « À cet instant, raconte Angelo, il ouvrit les yeux et parut fixer quelque chose dans le lointain en ajoutant d'une voix ferme et claire : "et pour la paix, et pour la paix". » En disant ce mot, il rendit l'âme. Angelo chérira jusqu'à la fin de ses jours le souvenir de la fin admirable de cet évêque modèle qui avait consacré toutes ses pensées, jusqu'aux dernières, au Christ crucifié et aux souffrances de ses semblables.

Comme s'il avait entendu la prière de l'évêque de Bergame, le collège des cardinaux résiste aux machinations de
monseigneur de Lai et élit un progressiste modéré, un ami
et un admirateur de Radini-Tedeschi : Benoît XV. Moins de
deux mois plus tard, sa première encyclique, *Ad beatissimi
Apostolorum Principis*, met un terme à la persécution des
modernistes et dissout l'abominable réseau d'espions créé
par son prédécesseur. À ces viles créatures qu'on dénom-
mait « intégristes » à cause de leur insistance sur le respect
intégral des rites, l'encyclique adresse cette admonition :
« Il n'est pas besoin de qualificatifs pour signifier la profession du catholicisme ; à chacun il suffit de dire : mon prénom est chrétien, mon nom, catholique. Qu'on s'applique
seulement à justifier vraiment cette appellation par les
faits. »

En mai 1915, la veille de la déclaration de guerre à
l'Autriche, Angelo est mobilisé et affecté, encore une fois, à
Bergame comme aide-infirmier. L'Italie n'est pas prête à la
guerre que lui ont imposée ses dirigeants politiques. Les
blessés refluent des champs de bataille par vagues toujours
plus monstrueuses. Angelo a beaucoup mûri depuis son
premier contact avec la vie militaire. Son premier réflexe
est de se laisser pousser la moustache pour couper court
aux accusations de pudibonderie. Ce qu'on lui demande,
toutefois, ce n'est pas de commander, mais de réconforter,
rôle qui lui va comme un gant. En lui, ses patients trouvent

plus qu'un infirmier : un aumônier. Il écoute leurs confessions en essayant de soulager leurs souffrances, leur administre l'extrême-onction quand il ne peut plus rien
faire d'autre, ce qui se produit avec une désespérante fré-
quence. « Il m'est souvent arrivé, racontera-t-il peu après
la fin de la guerre, de tomber à genoux et de fondre en
larmes comme un enfant, seul dans ma chambre, incapable de contenir l'émotion qui m'étouffait à la pensée des
morts simples et saintes de tant de pauvres fils de notre
peuple, modestes paysans de la Marche, de Garfagnana, des
Abruzzes ou de Calabre. »

Nulle trace dans son journal de la réprobation qu'il
exprimait plus jeune à propos des frasques sexuelles des
soldats. On y trouve plutôt une immense admiration pour
ces hommes brutalisés « dans la fleur de leur âge », ces « fils
de notre peuple » pauvres et sans défense qui, de tout
temps, ont servi de chair à canon. Les cahiers de cette époque ont disparu, à l'exception d'une page datée du 8 mars
1917 qui nous montre Angelo dans son rôle d'infirmier-
aumônier. Il y décrit un garçon de 19 ans originaire d'Ascoli
Piceno. Atteint d'une très grave pneumonie, Domenico
Orazi est « un humble paysan à l'âme aussi pure que celle
d'un ange. Elle rayonne dans son regard intelligent et la
douceur de son sourire ingénu. Ce matin et encore ce soir,
j'ai été profondément ému par ce qu'il me murmurait à
l'oreille : "Mourir maintenant serait une bénédiction, mon

père : je mourrais volontiers, car je crois que la grâce de Dieu a préservé la pureté de mon âme. Si je meurs plus tard, qui sait à quel point je serai défiguré ? Et puis, la séparation sera plus pénible : c'est dur d'abandonner sa femme, ses enfants, son foyer. Alors que maintenant, quelle importance ?" »

Trop noble pour être vrai ? Ce qui est sûr, c'est que le chroniqueur n'idéalise pas la mort, car il répond : « Pour ma part, cher Menicuccio [diminutif très tendre de Domenico], je prie le Seigneur de t'accorder de longues années de vie. » Et ajoute : « Le monde a besoin de ces âmes simples qui exhalent un parfum de foi, de pureté, de poésie fraîche et sainte. Pour nous, les prêtres, elles sont une incitation à la vertu et au zèle. »

Domenico mourra un mois après sur la table d'opération. Les fragments du journal d'Angelo sur ces jeunes soldats et ses hommages aux prêtres qui, comme lui, « se penchent sur [leurs] jeunes frères mourants et entendent la respiration angoissée de la nation dans leurs râles d'agonie » rappellent de manière saisissante les notes de Walt Whitman sur les blessés des deux camps qu'il soigna tendrement pendant la guerre civile américaine. Se peut-il que les cahiers manquants aient disparu parce qu'un œil moins naïf que celui de leur auteur a vu dans ces descriptions bouleversantes matière à une interprétation impensable dans la Bergame du début du XXᵉ siècle ? Pendant ces quatre années, Angelo eut les seuls contacts corporels deÀsa vie d'homme avec d'autres adultes. Il était dans la trentaine. Le Vatican, qui panique à la moindre rumeur d'homosexualité dans ses rangs, n'accepterait jamais de canoniser un homme dont les écrits suggèrent un pareil penchant. Si mon intuition est juste, le passage sur Domenico aurait été conservé parce qu'il peut s'interpréter comme un simple éloge de la piété du garçon et l'expression d'un espoir de guérison.

Quelle que soit la source des effusions d'Angelo devant le stoïcisme des soldats, leur courage ne le persuade pas de la justesse de leur cause. Pour qu'une guerre soit « juste » au sens de la théologie catholique, il faut qu'elle satisfasse à des critères si exigeants que, exception faite des actes de légitime défense, l'histoire ne recense aucun conflit digne de ce qualificatif aux yeux des théologiens sans parti pris nationaliste ni réflexes belliqueux à la Jules II. « La guerre est et reste le pire des maux, dira Angelo dans un discours peu après la fin du premier conflit mondial. Quand on a entendu le Christ et le message évangélique sur la fraternité humaine et chrétienne, on ne peut jamais la détester assez. »

Il n'en deviendra que plus convaincu avec les années et l'expérience. Pour l'heure, toutefois, c'est en Benoît XV qu'il puise cette inspiration. Insensible à la rhétorique belliciste, le pape cherche par tous les moyens à mettre fin à ce qu'il qualifie de massacre inutile. Pour prix de ses peines, il récolte partout des surnoms insultants : « Kraut pope » en Angleterre, « pape boche » en France, « Französische Papst » en Allemagne, « Maladetto » (maudit, par opposition à « Benedetto », son nom italien) chez lui. Benoît XV appréhendait les conséquences d'un éclatement de l'empire austro-hongrois ; l'histoire lui donnera raison. Peu après l'armistice, Angelo se rase la moustache, détruit son uniforme et rentre au séminaire.

Aucune nation belligérante n'a payé à cette guerre un plus lourd tribut que l'Italie. De ses 600 000 prisonniers, plus d'une centaine de milliers moururent en captivité parce qu'un gouvernement inhumain refusa de fournir à ces présumés déserteurs la nourriture et les vêtements prévus par la convention de La Haye de 1907. Les survivants comprirent vite qu'ils avaient été envoyés à la boucherie pour rien par des officiers bien nés qui se souciaient de leur sort comme d'une guigne. C'en était plus que beaucoup ne pouvaient supporter. Ils en conçurent une haine qui portera de terribles fruits.

Aux deux extrémités du spectre déjà très coloré de la politique italienne, deux mouvements d'opposition prirent un essor spectaculaire. Le premier était le parti autorisé par Benoît XV pour permettre aux catholiques de participer enfin à la vie publique d'un État qui ne semblait pas près de disparaître. Ce « parti populaire » était l'idée d'un homme qui sera considéré un jour comme l'un des plus grands penseurs italiens de son siècle : Luigi Sturzo, un prêtre-sociologue sicilien qui défendait avec passion et intelligence la démocratie, la réforme agraire et la lecture sociale de l'Évangile. L'autre mouvement opposé au statu quo s'inspirait de la révolution russe qui avait renversé le tsar pendant la guerre. Ses partisans étaient des anticléricaux déçus de l'État laïque ; ils s'imaginaient que l'Italie en proie aux grèves avait atteint la « phase prérévolutionnaire » chère aux communistes.

Angelo a l'esprit ailleurs. Délesté de sa charge de secrétaire (un nouvel évêque ne retient jamais les services des proches de son prédécesseur), il se consacre à l'enseignement, à la direction spirituelle des séminaristes et à la construction de résidences pour les étudiants de Bergame, qu'il se promet d'aimer « comme une maman ». Sa petite réputation d'orateur inspiré lui vaut pas mal d'invitations.

Cette somme d'activités discrètes attire l'attention du cardinal van Rossum, le prélat néerlandais qui dirige la congrégation vaticane chargée des œuvres missionnaires mondiales. Angelo se voit offrir la direction des activités de Propaganda Fide en territoire italien. Ce n'est pas exactement un cadeau : à part la Vénétie et sa Lombardie natale, l'Italie ne s'intéresse guère à l'œuvre missionnaire. Angelo connaît Benoît XV, le pape qui aura toujours sa préférence parmi les pontifes du xxᵉ siècle, mais l'atmosphère romaine lui pèse. « Je ne voudrais pas vivre ici », confie-t-il à son journal pendant un séjour dans la Ville éternelle. Il essaie de s'en sortir en avouant toutes sortes de défauts : « Je ne suis pas très efficace ; paresseux de nature, j'écris très lentement et je me laisse facilement distraire. » Il ne ment pas ; il noircit un peu le tableau. Hélas ! il y a des offres qui ne se refusent pas. Et c'est ainsi qu'Angelo entre par la petite porte à la curie et devient « prélat domestique », titre honorifique qui lui permet d'orner sa soutane d'un liseré rouge vif et de se faire appeler *monsignore*.

À la mort de son ami et mentor le cardinal Ferrari, en février 1921, Angelo participe aux grandioses obsèques qui réunissent toutes les couches de la population milanaise. Il a perdu le dernier de ses conseillers. Onze mois plus tard, Benoît XV est emporté par la grippe après huit années seulement d'un pontificat qui a souvent ressemblé à un calvaire. Que de mépris déversé sur la tête de ce petit homme disgracié (un accident de naissance lui avait laissé une moitié du visage et une épaule nettement plus basses que l'autre, le teint cyanosé et une boiterie accentuée) parce qu'il prêchait la paix aux peuples et à la fraction intransigeante de son Église ! Il a obtenu des missionnaires qu'ils oublient leur préjugé colonialiste et coopèrent à la formation d'un clergé indigène autonome ; cette réforme, Angelo en mesure les effets dans ses nouvelles fonctions. Le Saint-Siège est passé à deux doigts de la faillite pendant ce pontificat parce que le pape distribuait tous ses revenus aux victimes de la guerre, celles de l'Union soviétique en particulier, dans l'espoir que le changement de régime débouche sur une réconciliation des chrétientés orientale et occidentale. L'histoire n'a pas reconnu à sa juste mesure cet homme d'une bonté et d'un courage exceptionnels, parmi les plus clairvoyants des successeurs de Pierre, mais Angelo n'avait besoin de personne pour voir en lui un être admirable, débordant du lait de la tendresse humaine et toujours disponible.

Lui succède Achille Ratti, le bibliothécaire du Vatican qui venait de remplacer Ferrari à Milan. Angelo, qui le connaît un peu, le trouve distant, énigmatique. Le mystère dont il s'enveloppe a peut-être contribué à son élection : ni les héritiers de Pie X ni ceux de Benoît XV ne pouvant faire élire leur favori, Ratti l'inclassable a ratissé largement à droite comme à gauche.

La vieille garde a-t-elle grogné de plaisir en apprenant que le nouveau pape s'appellerait Pie XI ? Si oui, elle s'est réjouie trop tôt, car ce qu'il désire par-dessus tout, c'est parachever le rapprochement avec l'État italien entrepris par Benoît XV. L'ennui, c'est que cet État vient de tomber aux mains des fascistes. À la fin de 1922, l'année où Pie XI a été élu, le roi Victor-Emmanuel III a en effet demandé au député Benito Mussolini de former un gouvernement. Le fascisme a séduit les mêmes qui voyaient dans la guerre le feu mystique capable de purifier l'Italie de ses impuretés et de lui révéler sa vocation héroïque. Dans la terrible confusion politique qui a suivi cette guerre, ils ont recruté une horde d'anciens soldats aigris. Avec le soutien moral d'une petite bourgeoisie avide et l'appui financier de grands propriétaires terriens et de magnats de l'industrie, ces *squadristi* en chemise noire, pour la plupart issus de la classe moyenne, ont entrepris de terroriser les socialistes, les catholiques progressistes, les syndicalistes et les paysans sans terre.

Ils ont pour tout programme un catalogue de griefs, pour seule méthode, la violence, mais dans un pays fragmenté à l'infini, elle est d'une efficacité redoutable. Les antifascistes sont menacés, battus, gavés de purgatifs, parfois même assassinés : à ce régime, on apprend vite à mesurer ses critiques. Accusé de n'avoir rien fait pour améliorer le sort des pauvres, le parti socialiste perd du terrain dans la classe ouvrière dont il se prétend le champion. Les chefs syndicaux reçoivent d'inquiétants visiteurs au milieu de la nuit et apprennent un beau matin que leur organisation a été phagocytée par un groupe affilié aux fascistes. Les représentants locaux du gouvernement sont invités à déléguer leurs pouvoirs décisionnels à un membre local des chemises noires. Des journaux cessent de paraître. Quand les fascistes marchent sur Rome, en octobre 1922, la plupart des partis politiques ont sombré dans le chaos, et Mussolini se profile comme l'homme providentiel, le seul capable de former un gouvernement stable.

À cette heure grave entre toutes, le Vatican choisit de pactiser avec le nouvel homme fort. Une alliance bien orchestrée des partis populaire et socialiste enrayerait la montée du fascisme par le seul poids du nombre, mais les petits hommes gris du Vatican sont incapables de l'envisager : ils commencent tout juste à reconnaître une quelconque légitimité à l'État ! Mussolini est un athée notoire, anticlérical de surcroît, mais, à en croire la proposition secrète qu'il a fait parvenir au Vatican, il serait prêt à reconnaître au catholicisme le statut de religion d'État et à mettre fin à la propagande antipontificale en échange d'une liste des hommes « déloyaux ou abusés » qui soutiennent le parti populaire. Des négociations s'ouvrent. Elles aboutiront en 1929 aux accords du Latran qui créaient l'État du Vatican sur un territoire d'une quarantaine d'hectares et lui accordaient une spectaculaire indemnité de 105 millions de dollars pour compenser la perte des autres domaines pontificaux. En échange, le Vatican reconnaissait l'État italien et sa capitale romaine.

Simple rouage de la bureaucratie papale, Angelo ignore tout de ces tractations. Son bureau ne se trouve pas au Vatican, mais sur la Piazza di Spagna, et il vit tout près, dans un petit appartement de la via Lata. Son « nid de corbeau » au-dessus de l'église Santa Maria héberge aussi ses deux sœurs célibataires Ancilla et Maria, qui font la cuisine et le ménage, ainsi que le père Bugarini, l'ancien recteur du séminaire romain qui s'est retrouvé sans toit à la retraite. Angelo est content : il a réussi à doubler les dons de ses compatriotes aux missions, il voit du pays, rencontre une foule de gens, déguste les spécialités locales ; grâce aux rapports des missionnaires, il découvre des cultures très différentes de tout ce qu'il connaît.

Il n'est pas insensible aux progrès des fascistes ni au déclin du parti populaire qu'il soutient. En juin 1923, le Vatican somme Luigi Sturzo de renoncer à toutes ses fonctions politiques : le prêtre obéit, puis s'exile. Ses troupes devront se passer de lui pour leur dernière campagne électorale, en avril 1924. Angelo exhorte sa famille à rester fidèle au parti populaire même si l'*Osservatore Romano*, le journal du Vatican, n'en souffle plus mot et parle assez flatteusement de Mussolini. Il lui recommande aussi de rester chez elle en cas de troubles le jour du scrutin : « Laissez le monde faire son chemin. »

Le conseil peut sembler défaitiste, mais il correspond à une mentalité que même les catholiques progressistes comme Angelo épousent alors sans discussion. Elle tient l'Église pour le seul refuge sûr, le sanctuaire perpétuel de la justice et de la bonté ; l'État, quelle que soit sa forme, est nécessairement fragile puisqu'il repose sur la seule parole des hommes. Les royaumes passent, la parole du Seigneur demeure. Ce raisonnement permet aux catholiques pacifistes et magnanimes, mais peu politisés, de se retirer sous leur tente quand le débat devient trop âpre ou trop confus. Angelo reconnaît tout de même qu'il ne pourrait jamais voter pour les fascistes : « ni comme chrétien ni comme prêtre. De toute façon, le salut de l'Italie ne viendra pas de Mussolini, tout habile qu'il soit. Ses objectifs sont peut-être bons et droits, mais les moyens qu'il emploie sont iniques et contraires à la loi de l'Évangile. » Si seulement le Saint-Siège en avait dit autant !

Peu après, il se retrouve dans la mire des fascistes à un double titre. D'abord, il s'est lié d'amitié avec un jeune fonctionnaire du secrétariat d'État du Vatican, Giovanni Battista Montini, dont le père, député du parti populaire pour Brescia, a démissionné en juin 1924 avec tous les députés antifascistes après l'assassinat de Giacomo Matteotti, un collègue socialiste auteur d'une virulente dénonciation des méthodes fascistes. Giorgio Montini refusait de cautionner plus longtemps une parodie de démocratie qui avait illégalement mis son camp en position minoritaire. Malgré leurs extractions très différentes — la culture et les relations des Montini surpassent de très loin celles des Roncalli — le futur Paul VI a deviné une âme sœur dans le futur Jean XXIII.

Le 1er septembre de la même année, Angelo a fait un sermon dans la cathédrale de Bergame en mémoire de Radini-Tedeschi, mort dix ans plus tôt. Il a pris pour sujet le vrai patriotisme, qu'il assimile à « une forme d'amour

fraternel ». La grandeur d'un pays se révèle dans sa justice
« telle qu'elle s'incarne dans son droit », non dans « des
entreprises militaires, des accords diplomatiques ou des
succès économiques ». Les « lois fondamentales de la civilisation » ne s'expriment pas dans les délires du temps présent, mais dans « les dix commandements et les évangiles ».
Ces phrases qui nous semblent banales cachent un message
limpide pour les auditeurs du prédicateur : Angelo répudie
le fascisme, pour lui-même et pour son Église.

Une semaine plus tard, Pie XI condamne le projet d'alliance entre les partis populaire et socialiste, retirant le
dernier obstacle sur la route de Mussolini. Rien ne doit
entraver la normalisation des rapports entre son Église et
l'État italien. Les relations et les déclarations d'Angelo l'ont
mis sur la liste des hommes « déloyaux ou abusés ». La sanc-
tion, si on peut dire, tombe le 17 février 1925 : monseigneur
Roncalli est nommé visiteur apostolique en Bulgarie.

Angelo n'est pas un héros, encore moins un aventurier.
La nouvelle l'atterre. Il entend déjà les cris et les lamentations de ses sœurs. Il ne pourra pas les emmener avec lui.
Où iront-elles ? Que deviendront-elles ? La nuit, il pleure
au fond de son lit ; le jour, ses yeux se voilent quand il
songe à son bannissement imminent. Pour un homme
comme lui, Italien jusqu'à la moelle, Lombard fier de son
enracinement séculaire dans cette terre sacramentelle, Rome
peut être un éblouissement, la Sicile, un enchantement

avec ses coutumes pittoresques, sa cuisine exquise, ses pa-
noramas fabuleux, son peuple chaleureux. Mais la *Bulgarie*? Pourquoi pas la lune, tant qu'à faire?

Il aimerait bien savoir ce qui lui vaut cet honneur
dévastateur, mais toutes les lèvres sont scellées. Du cardinal
Gasparri, secrétaire d'État, il n'obtient qu'un ordre de mission sibyllin: «La situation est très confuse en Bulgarie…
Débrouillez-moi tout ça, voulez-vous?» De l'impérial
Pie XI, une phrase obscure: «Votre nom m'a été suggéré
pour cette mission.» (Ah! ce passif italien si lourd de sous-
entendus.) Le pape lui confie ensuite qu'il a été lui-même
visiteur apostolique en Pologne avant d'être nommé
évêque et qu'il avait été très mortifié de devoir céder le pas
aux prélats locaux. Pas question d'infliger pareille humiliation à Angelo: il ira en Bulgarie en qualité d'archevêque, de
sorte qu'il passera devant tout le monde. Angelo n'en est
que plus affolé.

Son ami Montini n'a aucune information, seulement
une consolation. En Bulgarie, Angelo sera en contact direct
avec l'antique chrétienté orientale puisque la plupart des
Bulgares sont de foi orthodoxe. Le pays abritant également
une communauté musulmane, le dialogue interconfession-
nel peut s'y développer bien mieux qu'en Italie. L'idée excite sans doute plus Montini que son ami, mais Angelo y
trouve matière à se réconcilier avec la perspective de son
exil loin du *bel paese*, patrie de tout ce qu'il aime et connaît.

Du reste, tout le monde lui jure qu'il sera très vite muté dans un pays plus facile comme l'Argentine, où les Italiens pullulent. S'il avait su qu'il passerait dix ans en Bulgarie et ne rentrerait pour de bon en Italie que 28 ans plus tard, aurait-il trouvé le courage de partir ? Pas sûr.

Il installe Maria et Ancilla dans la moitié d'une villa louée au baron Scotti à Sotto il Monte : haut perchée sur la colline, elle s'appelle Ca'Maitino, forme dialectale de Casa di Martino, en mémoire de l'ancêtre Roncalli qui a fait souche au village. Angelo paiera les frais, ses sœurs tiendront la maison où l'attendront les livres et effets personnels qu'il ne veut pas emporter. Il y passera ses vacances jusqu'à son élection au pontificat. Ayant réglé ces détails matériels, il se prépare à son ordination en faisant une retraite.

La retraite annuelle était de règle chez les prêtres consciencieux depuis le concile de Trente, et Angelo n'y manque jamais. À la fin, il a coutume de prendre des résolutions et de choisir des *sententiae* susceptibles de l'aider à progresser. Il a 43 ans, il perd ses cheveux et fait pas mal d'embonpoint. Quand il écrit : « Les vêtements épiscopaux me rappelleront toujours la "splendeur des âmes" qu'ils signifient, et qui sont la vraie gloire de l'évêque. Malheur à moi s'ils devenaient pour moi un sujet de vanité », nous n'avons aucune raison de douter de sa sincérité. Il n'a pas de prétention.

De la liturgie qui l'élèvera à l'épiscopat, il retient cette prière : « Qu'il ait un zèle infatigable ; qu'il ait la ferveur de l'esprit ; qu'il haïsse l'orgueil ; qu'il aime l'humilité et la vérité, et qu'il ne les abandonne jamais en se laissant vaincre par les louanges ou par la crainte… Qu'il se regarde comme redevable aux sages et aux insensés, afin qu'il trouve son avantage dans le progrès spirituel de tous. » Son seul programme, c'est d'être un bon évêque. Il avoue une terrible « épouvante », car il se sent « si misérable et imparfait en tant de choses ». Là encore, le doute n'est pas permis : il n'a pas une haute opinion de lui-même ou de ses talents. La première de ses confidences à son journal résume parfaitement son état d'esprit : « Ce n'est pas moi qui ai cherché ou désiré ce nouveau ministère, mais le Seigneur m'a élu avec des signes si évidents de sa volonté que j'eusse tenu pour une faute grave de m'y opposer. C'est donc à lui de couvrir mes misères et mes insuffisances. Cela me réconforte et me donne tranquillité et assurance. »

Angelo a consacré sa vie à l'Église. Il se sent tenu de faire ce que ses supérieurs lui demandent (tant que ce n'est pas péché). Il n'abdique pas tout jugement personnel pour autant. À la fin de cette retraite, il choisit sa devise épiscopale, celle-là même qui ornera ses armoiries pontificales : *Oboedientia et pax*, obéissance et paix, les mots que murmurait Cesare Baronius chaque jour en baisant le pied de la statue de saint Pierre dans la grande basilique. Au même moment, par une cruelle ironie du sort, les fascistes couvrent les murs des édifices romains d'une devise pseudo-religieuse : *creddere, obbedire, combattere* (croire, obéir, combattre). Angelo serait révulsé par le dernier terme et désolé par le dévoiement des deux premiers. Car il croit profondément, non en Mussolini, mais en Jésus-Christ, et il cherche la paix, non la guerre en obéissant à un ordre qui l'envoie là où il ne veut pas aller.

Le 19 mars 1925, fête de saint Joseph, il est ordonné à San Carlo al Corso, une église dédiée à saint Charles Borromée. Son diocèse est une ville romaine en ruine entre mer Rouge et mer Morte : Aureliopolis. La coutume veut qu'un évêque ait toujours un diocèse, aussi le Vatican attribue-t-il ces endroits perdus aux prélats de son corps diplomatique et de sa bureaucratie.

« J'ajoute à mon nom, de façon définitive, le nom de Joseph, qui du reste m'a aussi été imposé au baptême, en l'honneur du cher patriarche qui sera mon premier patron, après Jésus et Marie, et mon modèle. » De Joseph, nous savons seulement qu'il était le protecteur discret de sa femme et de l'enfant confiés à sa garde. Angelo espère suivre son exemple. C'est dans cet esprit que, vêtu de sa soutane noire et coiffé de son chapeau plat, il monte à bord de l'Orient-Express en gare de Milan, s'installe dans un des luxueux compartiments tendus de vert et prend la route de Sofia.

DU DIPLOMATE AU PATRIARCHE

Montini avait raison. Les contacts avec l'Église d'Orient feront le bonheur d'Angelo, mais pas un bonheur sans nuage. Il est le premier représentant de la papauté depuis plus de cinq siècles en Bulgarie, nation dont la culture et l'identité sont intimement liées à la foi orthodoxe. Son arrivée éveille le soupçon : et s'il était envoyé par l'ennemi romain pour faire du prosélytisme ? Ses plus gros ennuis à ce chapitre viendront du mariage du roi Boris III avec Giovanna, la fille de Victor Emmanuel III d'Italie, en 1930.

Pour obtenir la dispense papale, les fiancés avaient dû promettre d'élever leurs enfants dans la religion romaine. Ils s'étaient mariés une première fois dans la basilique catholique d'Assise, en présence d'Angelo, et une seconde fois en grande pompe dans la cathédrale orthodoxe Alexandre-Nevski de Sofia. Trois ans après, la reine Giovanna donnait naissance à une fille qui fut baptisée... selon le rite orthodoxe, comme le seront tous ses enfants.

Le toujours plus sage et compréhensif Angelo n'en est pas autrement scandalisé. Il ne s'est jamais fait d'illusion sur le serment du roi. Boris règne sur un pays en ébullition ; il a été la cible de plusieurs tentatives d'assassinat. S'il lui prenait la fantaisie de tenir parole, le sang coulerait dans les rues. Pie XI n'a pas la même hauteur de vues : s'estimant trahi, il fulmine publiquement contre la famille royale. (Il prenait facilement le mors aux dents quand le caractère

sacré du mariage lui semblait compromis. À la même époque, il dénonça la conférence anglicane de Lambeth parce
qu'elle avait donné une tiède bénédiction à la contraception.) Le roi rétorque en bannissant Angelo de la cour pour
un an, mais le reçoit personnellement pour expliquer sa
décision :

> Votre Excellence sait bien que j'étais catholique de par ma
> famille [les Bourbon-Parme] et mon baptême. J'ai agi… dans
> le seul intérêt de mon pays. Le Saint-Synode [la plus haute
> autorité de l'Église orthodoxe bulgare] commençait à douter
> de ma loyauté… Les communistes saisissent le moindre pré-
> texte pour monter le peuple contre moi. Je dois faire tout ce
> qui est en mon pouvoir pour ce pays déchiré et divisé.

L'attitude d'Angelo, à des années-lumière de celle de
Pie XI, tient pour partie à son tempérament — plutôt tendre la main que brandir le poing — mais surtout à son
cheminement intellectuel. Féru d'histoire ecclésiastique,
proche de penseurs comme Montini qui rêvent d'une réconciliation entre catholiques et orthodoxes, il sait que les
divergences entre les deux branches du christianisme sont
presque uniquement historiques et sémantiques. À certains
égards, l'Église orthodoxe est plus ancienne que la sienne.
Alors, à quoi bon aggraver les divisions ? Comme représentant officiel du pape, il doit défendre la position du Vatican, mais Boris et Giovanna de Bulgarie sentent que le
cœur n'y est pas. L'« intrus » catholique devient vite l'un de

leurs familiers. Angelo conservera leur photo après la mort suspecte de Boris, en 1943, au retour d'une pénible entrevue avec Hitler. Il faut dire qu'il collectionnait les photos des lieux où il avait vécu et des gens qu'il avait bien connus.

En rétrospective, la montée du fascisme acquiert l'inévitabilité martiale du film de Leni Riefenstahl, *Le triomphe de la volonté*, mais durant les années 1920 et 1930, beaucoup d'Européens n'étaient pas conscients de la marche des événements. L'aveuglement du Vatican éclate dans les honteuses effusions de l'*Osservatore Romano* à propos des accords du Latran : « L'Italie a été rendue à Dieu, et Dieu, à l'Italie », carillonne l'éditorial du 12 février 1929, alors que le pays vit sous la dictature. Angelo regrette moins son exil : « Mon exclusion des affaires italiennes me paraît à présent une bénédiction, écrit-il à un ami. Ce que je lis dans les journaux me navre. »

Sa fonction première n'est pas d'entretenir des contacts avec la monarchie ou avec l'Église orthodoxe, mais bien de veiller sur la minorité catholique de Bulgarie. Il s'en acquitte consciencieusement. La petite communauté d'environ 48 000 âmes se compose pour l'essentiel d'étrangers — hommes d'affaires, diplomates et leurs familles — qui résident dans la capitale ou dans un autre centre urbain. Elle a deux évêques, l'un à Sofia, l'autre à Rustchuk, dans le nord, et se suffit assez bien à elle-même. Le pays héberge toutefois 14 000 uniates qui n'ont aucun pasteur. Originaires pour la plupart de Thrace et de Macédoine, ces réfugiés vivotent dans des coins reculés. Ils suivent la liturgie et les coutumes orthodoxes (le mariage des prêtres, par exemple), mais en communion avec Rome. Sauf en Ukraine, où ils forment une importante minorité, ils sont cordialement détestés dans tous les pays orthodoxes. Le pape voit en eux le symbole de sa primauté universelle. Pour Angelo, ils sont simplement des frères en détresse.

Il entreprend une tournée à la Radini-Tedeschi, utilisant le mulet, la charrette ou le bateau pour gagner les zones peu ou pas desservies par la route. «Je suis devenu leur voisin», dira-t-il plus tard. Touchés de son intérêt, ses hôtes le surnomment Diado, c'est-à-dire bon père. Il est ému par leur liturgie, surtout par la poignante musique slave, tellement plus humaine que l'angélique chant grégorien : «Quand j'ai entonné avec eux les sombres lamentations qui évoquent leurs siècles d'esclavage politique et religieux, je me suis senti plus catholique, plus authentiquement universel.» Il voudrait que le Vatican donne un évêque à cette congrégation humiliée par les orthodoxes et dédaignée par les latins, propose Stefan Kurtev, son formidable guide, mais le prêtre n'a que 34 ans, et le Vatican prendra son temps.

Le deuxième objectif d'Angelo est de doter les uniates d'un séminaire. Il achète un terrain avec la permission de ses supérieurs. Hélas! l'autorisation de lancer les travaux

ne vient pas. «Rome a changé d'avis encore une fois»,
écrit-il à sa famille. Il se sent de plus en plus slave et de
moins en moins romain. «Mon cœur se brise, raconte-il à
un ami installé à Rome, quand je pense que vous ne savez
plus quoi inventer pour glorifier le triomphe de Jésus dans
l'Eucharistie alors que nous n'avons même pas assez
d'huile pour éclairer les poulaillers qui nous servent de
chapelles.» À son journal, il confesse une «chose singulière»: ses tribulations ne lui viennent pas des Bulgares
pour qui il travaille, mais des organes centraux de l'administration ecclésiastique. Pie XI n'était pas un patron com-
mode. D'après Ludwig von Pastor, auteur d'une histoire en
quarante volumes de la papauté, qui représentait alors
l'Autriche auprès du Saint-Siège, «il faisait presque toujours le contraire de ce qu'on lui conseillait». Une anecdote
non confirmée veut que le pape ait laissé Angelo à genoux
devant lui pendant 45 minutes pour le punir d'avoir
«autorisé» le baptême du prince Siméon, héritier de la
couronne bulgare, selon le rite orthodoxe. (Siméon a été
élu récemment premier ministre de la Bulgarie postcom-
muniste.)

Angelo se console en lisant dans Pastor l'histoire du
cardinal Morone, «l'un des plus grands serviteurs de
l'Église au XVIe siècle, diplomate chevronné, homme d'une
courtoisie exquise, droit, pieux», qui fut emprisonné au
château Saint-Ange sur un caprice de Paul IV, pape au

caractère détestable qu'Angelo décrit comme «un saint sans aucun doute, mais un homme impétueux». C'est bien dans sa manière: trouver un précédent historique, condamner le méchant à mots couverts (surtout si c'est un pape), puis tirer la morale de l'histoire. Dans le cas qui nous occupe, Angelo veut faire comprendre qu'il s'inspire de ce cardinal auquel furent infligées tant d'avanies et qu'on peut venir à bout de tout, même d'un pape, avec de la patience.

Le nom d'Angelo est évoqué au Vatican lorsque le siège de Milan devient vacant au début de 1929. Mussolini, qui a muselé toutes les oppositions, aurait-il toléré sa nomination? Au bout du compte, c'est Ildefonso Schuster qui obtient la place. Il ne tarde pas à se faire remarquer: «Du départ, proclame-t-il, l'Italie catholique et le pape ont béni le fascisme.» Même l'*Osservatore Romano* renâcle. Angelo a été promu délégué apostolique, mais les années passent sans qu'il entende reparler de l'Argentine ou de quelque autre poste que ce soit. Il commence à penser qu'il finira sa carrière en Bulgarie.

«Quant à moi, écrit-il à sa famille au printemps 1930, je me porte bien, je vis dans la paix et le contentement, sans penser à rien d'autre qu'à faire la volonté du Seigneur. Cette humeur paisible et cette aptitude à m'abandonner à la Providence, je les dois entre autres à ma naissance au sein d'une famille paysanne pauvre en biens matériels, mais riche de foi et de crainte du Seigneur, habituée aux simples réalités de la nature qui reviennent jour après jour, année après année » — et voilà la Lombardie transportée en Bulgarie. Dans son journal, par contre, il déplore « l'incertitude qui dure depuis plus de cinq ans au sujet des attributions exactes de mon ministère dans ce pays, les soucis et les difficultés qui me viennent de ce que je ne peux faire davantage et de ce que je dois me renfermer dans une vie de parfait ermite, en allant contre ma tendance intime à travailler au ministère direct des âmes, l'insatisfaction de ce qu'il y a encore d'humain dans ma nature, même si jusqu'ici, j'ai réussi à le tenir en bride ». Sa nature sereine l'aide à accepter l'idée d'une affectation permanente à un poste pour lequel il ne se sent pas fait, mais ne dissipe pas totalement l'angoisse.

La mutation dont il désespérait arrive à la fin de 1934. Il est nommé délégué apostolique pour la Turquie et la Grèce et évêque de la petite communauté catholique d'Istanbul. D'accord, c'est une promotion, mais il pouvait espérer mieux. Le 5 janvier 1935, il s'installe à Istanbul, siège du plus haut dignitaire de l'Église orthodoxe, le patriarche œcuménique. Il connaît assez bien la ville puisqu'il y a séjourné plusieurs fois depuis dix ans. Fasciné par l'histoire chrétienne de ce pays qui accueillit les conciles de Nicée, d'Éphèse, de Chalcédoine et de Constantinople, il acquerra la réputation d'un excellent connaisseur des monuments chrétiens de Turquie. Istanbul, qu'il appelle toujours Constantinople, est toutefois une ville islamique. L'émouvante façade historique de cette cité «par sa situation, la plus belle du monde» ne peut faire oublier à Angelo l'abaissement tragique de son patriarcat par le régime laïque d'Atatürk. Il en est tellement bouleversé qu'il appelle Constantinople «le cœur usé de l'orthodoxie».

Le zèle laïcisant du régime force Angelo à troquer la soutane et le chapeau plat pour le complet-veston et le chapeau melon. La plupart de ses collègues italiens y verraient un abus de pouvoir scandaleux. Pas lui: «Qu'on porte la soutane ou le pantalon, glisse-t-il à son secrétaire, quelle importance tant qu'on proclame la parole de Dieu?» La fermeture des écoles chrétiennes et du journal diocésain le dérange bien davantage: comment proclamer la parole de Dieu quand on n'a aucun lieu pour le faire? Angelo commence à mesurer les terribles conditions faites aux croyants en Union soviétique.

Il s'applique à amadouer tous ceux que la raideur de son prédécesseur avait ulcérés. Le gouverneur de la ville, Vali Muhidden Ustundag, l'accueille très froidement, mais conclut l'audience en trinquant avec lui au raki sur une terrasse dominant le Bosphore. Angelo se lie également avec tous les diplomates qu'il rencontre, d'où qu'ils viennent. Ces amitiés joueront un rôle capital dans sa mission. De plus en plus convaincu de l'absurdité du schisme entre les Églises orthodoxe et catholique, il cultive sa relation avec le patriarche œcuménique. Le mur séparant l'Est et l'Ouest est gigantesque, mais il espère bravement «arracher une pierre ici et là». Dans sa petite cathédrale, tout ce qui peut être récité dans une autre langue que le latin est dit en turc: l'évangile, la litanie, le «Dieu soit béni». Dénoncé au Vatican, il plaide que «l'Évangile n'admet aucun monopole national, n'est pas un fossile et est tourné vers l'avenir». Son ouverture à l'égard des diplomates, du patriarche, de la culture locale annonce ce que sera son pontificat. Mais pour voir ces présages, il aurait fallu regarder.

Le 2 octobre 1935, l'Italie envahit l'Abyssinie. Pie XI semble approuver cette insanité. La crise s'internationalise à la vitesse de l'éclair. Les diplomates sont inondés de dépêches. Angelo relaie consciencieusement au Saint-Siège toutes les nouvelles qu'il glane, mais la situation est affreusement embrouillée, et il n'est pas devin: il lui arrive de transmettre aussi la propagande grossière de Franz von Papen, un reliquat retors de la république de Weimar qui a été nommé ambassadeur d'Allemagne à Istanbul. Au secrétariat d'État du Vatican, l'impérieux Domenico Tardini grommelle: «*Questo non ha capito niente.*» (Ce type n'a rien compris.)

Oui, Angelo est naïf et capable de grosses erreurs de jugement. «Le général Pétain l'a bien dit hier, écrira-t-il à sa famille en 1940. L'une des raisons de la défaite française, c'est la jouissance débridée des plaisirs matériels après la Grande Guerre. Pendant ce temps, les Allemands s'imposaient une discipline et des sacrifices qui font leur force aujourd'hui.» Il reste attaché au parti populaire interdit, mais dans ses lettres aux siens, il lui arrive d'exprimer un patriotisme qu'on pourrait facilement interpréter comme un appui à Mussolini. En fait, il essaie simplement de rasséréner ses proches.

C'est un pontife usé par l'âge qui dénonce enfin le totalitarisme dans les encycliques *Mit Brennender Sorge* (contre le nazisme) et *Divini Redemptoris* (contre le communisme). Publiées en mars 1937, elles critiquent durement la suspension des garanties juridiques, la subordination de l'individu à l'État omnipotent et le culte du «sauveur» de la nation, qu'il s'appelle Hitler ou Staline. S'y ajoute, dans le cas du nazisme, une condamnation sans appel du racisme, qualifié de foncièrement antichrétien. Hitler, écrit Pie XI, est «un prophète fou, empli d'une répugnante arrogance».

En 1938, les fascistes adoptent les thèses racistes des nazis. Le Vatican rompt aussitôt avec l'État italien. Le pape met en chantier une encyclique sur l'antisémitisme, mais meurt avant de l'avoir terminée. Son successeur ne la publiera pas (ce qui ne signifie rien *en soi*, puisque aucun pape n'a jamais repris à son compte les textes inachevés de son prédécesseur). Le jugement de Pie XI sur l'apport de la pensée juive à l'Occident — son inoubliable «nous sommes tous juifs par l'esprit » — fondera les premiers dialogues sérieux entre juifs et chrétiens après la guerre. En mai 1938, pendant que Rome fait fête à Hitler, le vieil homme quitte ostensiblement le Vatican pour sa résidence d'été à Castel Gandolfo après avoir qualifié la svastika de « croix sans rapport avec le Christ » et avoir fermé les musées du Vatican au nez du tristement célèbre « touriste ». Il ne se rend pas compte qu'il a lui-même pactisé avec un régime dont les méthodes ont inspiré les nazis.

Il meurt en février 1939 et est remplacé par son secrétaire d'État, Eugenio Pacelli, qui prend le nom de Pie XII. Le nouveau pape ne dira pas un mot sur l'antisémitisme nazi bien que sa diplomatie, l'une des mieux informées du monde, l'ait averti très tôt de l'atroce « solution finale » dont son prédécesseur ne pouvait rien savoir. Pour Pie XII, la protection des catholiques passait avant tout ; il craignait qu'une dénonciation publique ne leur attire la haine des nazis. De fait, quand les évêques néerlandais prirent la défense des juifs, ils n'obtinrent qu'une multiplication des rafles pour prix de leur courage.

Pie XII employa sa fortune personnelle à racheter des juifs. Suivant les directives (et l'exemple) du Vatican, curés et congrégations religieuses ouvrirent aux proscrits les portes de leurs églises, de leurs couvents et de leurs monastères. À Rome, plus de 5000 personnes vécurent cachées dans des presbytères et des communautés religieuses.

Moins de 20 % des 70 000 Juifs fondus dans la population italienne tombèrent aux mains des nazis : peu de pays européens ont fait mieux. La religiosité rebelle des Italiens y est sûrement pour quelque chose. Beaucoup de ces sauveurs prirent sans doute aussi la chose comme un défi lancé à l'ingéniosité nationale.

L'excellent diplomate qu'était Pie XII a probablement surestimé l'efficacité des pressions occultes et sous-estimé l'impact d'une prise de position publique, mais de là à l'accuser d'être antisémite et pro-allemand, il y a un pas que les faits connus n'autorisent pas. Ce qui reste inexplicable, c'est son silence *après* la libération de l'Italie. De 1944 à 1958, il n'a jamais condamné l'Holocauste, n'y a même jamais fait une allusion claire en public : preuve, à mon avis, d'un sens moral gravement sous-développé.

La mère d'Angelo est morte pendant l'interrègne d'un mois entre la mort de Pie XI et le couronnement de Pie XII. Elle avait 85 ans. Trop pris par ses obligations diplomatiques, son fils n'a pas pu quitter son poste pour venir l'embrasser, pas plus qu'il n'avait été capable de se libérer quand son père s'était éteint quatre ans plus tôt à 81 ans, l'âge où il mourra lui-même. Il est resté dans sa chapelle « *a piangere come un bambino* » (à pleurer comme un enfant) pendant les funérailles.

En 1939, le Vendredi saint, l'Italie envahit l'Albanie. Une semaine après, le pays est occupé, les troupes italiennes

stationnent à la frontière grecque, et Angelo, qui se rend
régulièrement en Grèce même s'il n'arrive pas à s'attacher
aux suspicieux Hellènes autant qu'aux Turcs, se retrouve en
délicatesse avec les autorités. Un mois plus tard, Hitler et
Mussolini signent le pacte d'Acier qui engage l'Italie à
entrer en guerre contre les Alliés. En septembre, l'Allemagne et l'Union soviétique se jettent sur la Pologne, liqui-
dent ses prêtres et ses intellectuels. Au mois de mai suivant,
Hitler viole la neutralité des Pays-Bas, du Luxembourg et
de la Belgique. Le 10 juin, l'Italie entre en guerre ; le 14,
Paris tombe.

Le 5 septembre, Angelo rencontre à Istanbul des Juifs
originaires de Pologne qui lui révèlent l'abominable menace
suspendue au-dessus de leurs têtes. Les ayant aidés à passer
en Terre sainte, il prendra tous leurs coreligionnaires sous sa
protection, leur procurant des vêtements, de l'argent, des
papiers et, souvenir inoubliable pour beaucoup parmi eux,
le réconfort de sa sereine solidarité humaine. Quoi que le
pape ait pu penser, le doute n'est pas permis en ce qui concerne Angelo : « C'est l'un des grands mystères de l'histoire
humaine, écrit-il à une religieuse inquiète. Pauvres enfants
d'Israël. Tous les jours, j'entends autour de moi les gémissements de ces cousins et compatriotes de Jésus. »

Pour mener à bien cette contrebande sacrée, le délégué
apostolique s'appuie sur le réseau qu'il a patiemment tissé
depuis son arrivée en Orient : sur Raymond Courvoisier,

directeur de la Croix-Rouge à Ankara (même si certains, au Vatican, reprochent à son organisation de faire de l'ombre à l'Église) ; sur von Papen, le vaniteux ambassadeur allemand en qui Angelo a deviné un bon diable prêt à se laisser manipuler ; sur le roi Boris de Bulgarie. (Angelo était persuadé de sa droiture, mais un livre de Tzvetan Todorov paru en 2001 trace de lui un portrait plus ambigu.) Projeté au cœur de l'action pour la première fois de sa vie, monseigneur l'archevêque fait feu de tout bois. La Turquie, restée neutre, attire comme un aimant les Juifs européens qui tentent de gagner la Palestine sous mandat britannique en passant par les Balkans. Parmi ceux qui croisent la route d'Angelo, il y a des Slovaques qui ont été déplacés en Hongrie, puis en Bulgarie. Angelo réussira à les faire sortir grâce à l'amitié du roi.

Il rencontre par deux fois Isaac Herzog, le grand rabbin de Jérusalem, pour tenter de délivrer 55 000 Juifs piégés en Moldavie, un territoire arraché par la Roumanie à l'Union soviétique. Le délégué apostolique pourrait-il demander au Vatican de faire pression sur le gouvernement roumain ? Angelo s'exécute, obtient gain de cause et reçoit de Herzog une lettre dithyrambique saluant la noblesse de ses sentiments et promettant que « le peuple d'Israël n'oubliera jamais l'aide apportée à ses frères et sœurs dans le malheur par le Saint-Siège et ses plus hauts représentants aux heures les plus tristes de son histoire ».

Pour aider les Juifs à fuir l'Europe de l'Est, Angelo bourre la valise diplomatique destinée à ses homologues de Hongrie et de Roumanie de « certificats d'immigration » émis par l'Agence juive de Palestine. Ils ne donnent aucun droit particulier à leur porteur, mais sauvent parfois des vies. Quand un lot est épuisé, Angelo renouvelle le stock. « Puisque les certificats d'immigration envoyés en mai ont permis de sauver les Juifs auxquels ils étaient destinés, écrit-il à Angelo Rotta, nonce apostolique à Budapest en août 1944, j'ai accepté de l'Agence juive de Palestine trois lots supplémentaires que je prie Votre Excellence de bien vouloir remettre à monsieur Milos Krausz » — il veut dire Moshe Kraus, le secrétaire de l'Agence à Budapest, mais Angelo est brouillé avec les noms étrangers. De là est née la légende voulant qu'il ait délivré des certificats de baptême aux Juifs traqués. On ne peut pas l'exclure, mais il s'agissait plus probablement de ces visas du Vatican qui plaçaient leur porteur sous la protection du Saint-Siège et dont Angelo fit une énorme consommation à cette période.

La lettre à Rotta montre qu'Angelo n'hésitait pas à cajoler (comme Paul dans l'épître à Philémon) pour parvenir à ses fins. Il recourut probablement à la flatterie pour obtenir la complicité de von Papen. La paix revenue, l'Allemand comparut devant le tribunal de Nuremberg chargé de juger les criminels de guerre. Une lettre d'Angelo lui sauva la vie : « Je ne veux pas me mêler du procès

politique fait à Franz von Papen, écrivit-il au président du
tribunal. Tout ce que je peux dire, c'est qu'il m'a aidé à
sauver 24 000 Juifs.» Von Papen répétera ce chiffre sous
serment au postulateur de la béatification de Jean XXIII.
On ne saura jamais combien de Juifs doivent la vie à
Angelo Roncalli, car personne ne tenait de compte —
Angelo, d'ordinaire si méticuleux, encore moins que quiconque — mais ils ont été au moins 20 000 et, peut-être,
beaucoup plus.

À 60 ans passés, Angelo paraît plus vieux que son âge,
plus grave aussi, mais il respire la tendresse. Et cette douceur lui gagne beaucoup de cœurs. Lorsqu'il rend visite au
huitième corps de l'armée italienne, en Grèce occupée, un
caporal rompt les rangs et s'agenouille devant lui. «Qu'y a-
t-il, mon fils?», s'étonne Angelo. «*Monsignore*, répond le
soldat, puis-je vous embrasser en notre nom à tous?» En
le voyant étreindre le petit homme bedonnant à la mine
si douce, ses compagnons éclatent en applaudissements.
Plus Angelo vieillira, plus les réactions de ce genre seront
nombreuses. Elles témoignent du halo de bonté qui
l'enveloppait.

Il s'impose un régime, sans grand succès: café et fruits
le matin, potage et fruits le soir. Le midi, il prend un «repas
de bon chrétien», c'est-à-dire normal pour un Italien:
trois plats et un peu de vin. Son secrétaire est un Irlandais.
Sous le préceptorat de Thomas Ryan, il apprendra à lire,

mais non à parler l'anglais. Il s'interroge sur l'appétit des hommes pour la guerre, « à l'encontre des lois les plus sacrées » ; sur le nationalisme « morbide, fondé sur la race et le sang, qui contredit l'Évangile et empoisonne le monde » ; sur le caractère sacré de l'être humain. « L'Esprit se déverse sur toute l'Église, même les âmes les plus simples et les plus humbles en reçoivent une part, en telle surabondance, parfois, qu'elles atteignent à l'héroïsme et à la sainteté. » Cet extrait d'un sermon de la Pentecôte prononcé dans la petite cathédrale du Saint-Esprit s'inspire du prophète Joël, du premier sermon de Pierre dans les Actes des apôtres et de la pensée de l'Église d'Orient. Il annonce l'esprit qui soufflera sur le grand concile des années 1960.

Si le diplomate est pris de court à chaque tournant des hostilités — la rupture du pacte russo-germanique, la défaite de l'Allemagne en Russie, le retournement italien — l'homme juge à sa juste valeur le travail de l'armée italienne pour contrer la terrible disette qui frappe la Grèce. Primo Levi dira un jour de cette occupation qu'elle avait été la plus humaine de l'histoire. Pour aider le Vatican à retracer des prisonniers de guerre, Angelo entre en contact avec Nicolas Ivanov, le consul soviétique à Istanbul. Une longue et charmante conversation avec cet homme que tout sépare d'un prélat catholique lui révèle qu'on peut avoir des relations civiles même avec un agent du communisme soviétique.

Dans la nuit du 9 au 10 juillet 1943, les Alliés débarquent en Sicile : la libération de l'Italie commence. Quelques semaines plus tard, Mussolini est arrêté ; le fascisme s'écroule comme un château de cartes. « Dans toute âme ou institution humaine, écrit Angelo à son frère Giovanni, il y a du bon et du mauvais, du grand et du petit... Le fait que l'Italie soit passée calmement d'un régime politique à un autre en quelques jours seulement montre bien que le bon sens et la dignité pèsent plus lourd que la victoire pure et simple d'une force brutale et écrasante. Inutile de blâmer qui que ce soit. » Angelo s'illusionne sur le calme de cette transition — les partisans italiens combattent toujours les troupes allemandes dans les zones occupées du pays — mais sa réflexion politique s'affine : il est conscient de l'ambiguïté morale de toutes les positions (y compris celle de son Église sur le communisme, semble-t-il) et songe déjà à la réconciliation nationale.

Le sermon qu'il rédige pour la Pentecôte suivante traite encore de cet Esprit indispensable au sentiment d'humanité. Livrée à elle-même, notre espèce ressemble à « l'un de ces villages de l'âge de fer dont chaque maison est une forteresse impénétrable dans laquelle ses habitants sont retranchés ». Rien de plus facile que de rester entre catholiques, loin de « nos frères orthodoxes, protestants, juifs, musulmans, croyants ou incroyants », mais « à la lumière de l'Évangile et du principe catholique, cette logique de division est absurde. Jésus est venu abattre les barrières ; il est mort pour témoigner de la fraternité de tous les hommes. Son enseignement repose sur la charité, c'est-à-dire l'amour qui lie tous les êtres humains au frère aîné qu'il est pour eux et, à travers lui, au Père. » Angelo appelle de ses vœux une « explosion de charité » qui fera du mot « catholique » un synonyme d'unité universelle et le purgera de tout esprit d'exclusive. À Istanbul, l'esprit du concile soufflait dès 1944.

Le 6 décembre, un télégramme codé apporte à Angelo une nouvelle qu'il compare à un coup de tonnerre : il est nommé nonce à Paris, le poste le plus prestigieux de la diplomatie vaticane. Stupéfait, il se précipite à Rome. Qu'est-ce qui lui vaut ce surprenant honneur ? Tardini n'est pas loquace. Décision pontificale, il n'a rien à ajouter. Pie XII est à peine plus explicite : « Cette nomination est de mon fait, c'est moi qui en ai eu l'idée et qui ai tout arrangé. Pour cette raison même, vous pouvez être sûr que la volonté divine ne pourrait être plus manifeste ou inspirante. » Ainsi parlaient les papes. Angelo avait l'habitude de ce langage plus dissimulateur que révélateur. Il lui arrivait de s'exprimer sur ce ton exalté, lui aussi.

En coulisse, un combat de coqs oppose Pie XII à Charles de Gaulle, chef de la France fraîchement libérée. Le général entend purger son pays des fantoches nazis qui peuplaient le régime de Vichy. Les évêques français qui ont collaboré si peu que ce soit devront partir; cela fait du monde. Valerio Valeri, le nonce apostolique, est également proscrit pour avoir trop fréquenté Pétain. De Gaulle et Pie XII sortent du même moule: grands, maigres, austères, dépourvus d'humour, solitaires, très attachés à leur dignité et incapables de prendre conseil de qui que ce soit. Sous la pression gaullienne, le pontife se cabre: il n'appartient pas à un gouvernement laïque de faire ou de défaire les évêques, et un ambassadeur doit entretenir des relations avec le régime du pays où il est posté, si répressif soit-il. Bien qu'il soit un fervent catholique, de Gaulle est outré par cette défense pointilleuse des conventions diplomatiques dans le contexte tellement exceptionnel des atrocités nazies. Les discussions sont bientôt dans l'impasse.

Sur ce, l'Union soviétique reconnaît le nouveau gouvernement français, et son ambassadeur à Paris présente ses lettres de créance. Il est le premier représentant d'un pays étranger à le faire. La tradition veut que les vœux de nouvel an du corps diplomatique au chef de l'État français soient exprimés par le nonce apostolique, mais si de Gaulle persiste à récuser Valeri, l'honneur retombera sur le doyen du corps, l'ambassadeur de l'Union soviétique, un communiste athée! De deux humiliations Pie XII choisit la moindre et se cherche un nouveau nonce. Il pense d'abord à Joseph Fietta, titulaire du poste argentin qu'on avait jadis fait miroiter à Angelo, mais celui-ci décline pour raisons de santé. Angelo ne s'est jamais compromis avec les nazis, et il ne soulèvera pas la critique puisque personne n'a jamais entendu parler de lui en Europe occidentale. À un journaliste français qui s'informe sur le nouveau nonce, un membre de la curie susurre qu'il est « une vieille baderne ».

La vieille baderne a toute une côte à remonter. Avant de partir, Valeri a la gentillesse de rédiger son adresse du nouvel an : le français d'Angelo est assez chancelant. Touché par l'hommage à sa « politique clairvoyante » qui a rendu à son pays bien-aimé « sa liberté et la foi dans ses destins », de Gaulle donne sa bénédiction. Avant de la lire, Angelo s'est excusé auprès de l'ambassadeur soviétique de lui voler la vedette et lui a promis sa première visite officielle, le lendemain. Sa prestation lui vaut une réputation de fin diplomate, mais le problème des évêques collaborationnistes reste entier.

De Gaulle veut par ailleurs nommer Jacques Maritain comme ambassadeur auprès du Saint-Siège. Protestant converti au catholicisme, le célèbre philosophe s'est toujours opposé au nazisme et est un catholique fervent, mais lucide. Un peu trop lucide au goût du Vatican. Durant sa dernière tournée de conférences, il a vigoureusement plaidé pour les droits de l'Homme dans certains pays latino-américains soumis à des régimes férocement répressifs. À 50 ans d'intervalle, on ne voit plus très bien ce que le Vatican pouvait reprocher au catholicisme parfaitement

orthodoxe de Maritain, sinon ce discours sur les « droits »
qui rappelait le langage révolutionnaire et le fait qu'il était
d'une espèce peu prisée par la curie : un intellectuel *fran-*
çais. Le Saint-Siège aurait préféré un catholique moins fervent et un diplomate plus mondain. Délicatement travaillé
par Angelo, il finit toutefois par accepter Maritain, qui
règle l'affaire des évêques en quelques semaines après la
chute de l'Allemagne, le 8 mai 1945. Les gaullistes réclamaient 25 têtes, mais se satisferont de sept, reconnaissant
implicitement qu'ils avaient poussé le bouchon un peu
loin.

La deuxième crise dont Angelo aura à s'occuper ne se
dénouera pas aussi facilement. Elle surgit d'une expérience
hardie du cardinal Emmanuel Suhard, le remarquable
archevêque de Paris. En 1942, les Allemands ont envoyé
800 000 Français dans des camps de travail en territoire
germanique. Comme ils refusaient la présence officielle
d'aumôniers, Suhard a infiltré 25 jeunes prêtres déguisés en
ouvriers dans les convois. Scandale à la curie : pour le
Vatican, comme pour la plupart des catholiques depuis le
concile de Trente, un prêtre sans sa soutane n'est pas un
prêtre tout à fait honnête. Les Allemands ont démasqué et
rapatrié bon nombre de ces missionnaires ; deux sont
morts dans les camps. D'autres en sont revenus métamor-
phosés et ont réclamé de leur évêque la permission d'exercer leur ministère comme prêtres ouvriers, mêlés à la

population dont ils ont la charge, partageant leur labeur et leur pauvreté. Suhard a accepté, et les pionniers ont fait école.

Dans cette affaire comme dans bien d'autres, l'archevêque a réagi en visionnaire. Il pressent la fin de la société de classes aux jugements péremptoires qui définissait l'Europe d'avant-guerre. Les horreurs du nazisme (et, dans une moindre mesure, du fascisme) ont fracassé les tranquilles certitudes bourgeoises sur la légitimité, le rôle et les pouvoirs de l'État, sur la nature humaine, sur la morale, même sur le sens de la vie. Des millions d'innocents ont péri : comment les rescapés de ce carnage pourraient-ils renouer sans état d'âme avec ces conventions surannées ?

Beaucoup font comme si c'était possible, mais Suhard est trop engagé dans son époque pour ne pas voir qu'une fraction cruciale de la jeunesse n'acceptera jamais de rentrer dans le rang et que, dans le monde beaucoup moins prévisible qui se met en place, la mission de l'Église — cette Église si discrète face aux nazis — court un risque mortel. Il anticipe l'un des effets majeurs de la guerre : la contestation radicale de toutes les formes d'autorité et, en corollaire, la relativisation des systèmes philosophiques. Dans un monde comme celui-là, le christianisme traditionnel, quel que soit l'habit qu'il endosse, paraît vite ringard.

Les prêtres ouvriers souhaitent partager pleinement la vie de leurs fidèles. Ce qui veut dire : vivre dans un logement insalubre, travailler à l'usine ou sur les docks, discuter avec les anarchistes et les communistes, militer pour une amélioration radicale des conditions de travail, passer des nuits entières au café à parler de la vie avec des jeunes en colère qui s'inspirent plus volontiers de Sartre et de Camus que des curés et des théologiens. À cette école, ils ont vite appris que les rites anciens n'avaient plus de sens pour les travailleurs ; certains disent la messe en bleu de travail, substituant au marbre incrusté d'or de l'autel le bois ou le métal de l'établi, remplaçant le *Dominus vobiscum* (Le Seigneur soit avec vous) par « Salut, les copains ». Il n'est pas rare qu'ils se fondent dans la masse jusqu'en pensée et glissent du catholicisme au communisme ou à l'existentialisme. Quelques-uns répudient non seulement le célibat, mais même le mariage bourgeois pour vivre en union libre. Les oreilles du nonce résonnent des dénonciations outrées des traditionalistes. Aujourd'hui encore, il est difficile de faire la part de l'excès et de la malice dans cette affaire.

Insatisfaits des réponses apaisantes et équivoques de monseigneur Roncalli, quelques zélotes portent leur cause au Vatican où ils sont accueillis à bras ouverts par l'archi-conservateur Alfredo Ottaviani dont Pie XII a fait son grand inquisiteur. (Nous le retrouverons dans le rôle de saboteur en chef au concile Vatican II.) Du secrétariat d'État, Angelo reçoit l'appui de son vieil ami Montini : « Devant un tel enjeu, il faut accepter certains risques sous peine de se voir reprocher de n'avoir pas tout fait pour sauver le monde. » Il faut dire que Montini est francophile et qu'il aime beaucoup Maritain. (Devenu pape, il proposera au Français le premier chapeau de cardinal offert à un laïque depuis l'unification de l'Italie. Le philosophe déclinera l'honneur.)

Un diplomate n'exprime en public que la position de l'État dont il représente les intérêts. Nous n'avons donc pas d'indications sur le sentiment personnel d'Angelo devant l'effervescence intellectuelle de la France d'après-guerre ; ses maigres commentaires ne laissent même pas deviner s'il saisissait l'importance de la révolution culturelle et religieuse dont il était témoin. On sait seulement qu'il parlait d'abondance ; André Latreille, directeur des cultes de l'État français, trouvait difficile de placer un mot dans ce flot de paroles. Personne n'aurait pu dire si ce comportement était naturel ou calculé. Angelo n'ignorait pas qu'il était un deuxième choix : « *Ubi deficiunt equi, trottant aselli* » (là où les chevaux manquent, les ânes peuvent servir), disait-il pour expliquer sa nomination. Et il savait que Pie XII ne voulait ni innovateurs ni penseurs à son service : « *Io non voglio collaboratori, ma esecutori* » (Je ne veux pas de collaborateurs, seulement des exécutants), était une des phrases favorites du pape.

La relation d'Angelo avec Suhard n'est pas moins difficile à apprécier. Le pape se défiait de l'archevêque, mais

avait les mains liées. Suhard n'était pas n'importe quel cardinal : il était l'évêque d'une grande capitale et jouissait
d'une immense popularité auprès des Parisiens, des Français et des catholiques éclairés. Le démettre, c'était avouer
l'existence d'un conflit grave au plus haut niveau de la
hiérarchie ecclésiastique ; aucun pape de notre époque ne
peut se payer ce luxe. Pie XII se contentait donc de surveiller de près ce collaborateur qui était tout, sauf un exé-
cutant. En 1948, la publication d'*Essor ou déclin de l'Église*,
lettre pastorale de Suhard tenue aujourd'hui pour un
monument de la pensée catholique contemporaine, mit
l'autocratique pontife hors de lui : comment l'archevêque
de Paris osait-il pérorer sur le possible déclin de l'Église et
appeler à une réforme répondant aux besoins du monde
moderne ? En vérité, il se prenait pour le pape !

Dans sa démarche, Suhard s'appuie non seulement sur
sa propre expérience pastorale, mais aussi sur le travail de
quelques grands intellectuels français qui ont relevé le défi
de la sécularisation : le philosophe Étienne Gilson, qui a
montré la parenté entre la théologie thomiste et l'existentialisme ; Emmanuel Mounier, l'éditeur d'*Esprit*, revue qui
ressuscite la tradition française d'engagement politique ; le
jésuite Henri de Lubac, qui a démontré dans *Catholicisme,
les aspects sociaux du dogme* l'opposition irréductible de sa
foi au collectivisme déshumanisant et qui considère le
naturel et le surnaturel comme les deux faces d'une même

expérience, non comme deux expériences distinctes ; le dominicain Yves Congar, enfin, champion de la réforme permanente de l'Église et partisan d'une communion des fidèles élargie aux fois non catholiques, voire non chrétiennes.

Angelo connaît le roman français classique et contemporain. Il a lu Bernanos et Mauriac, il a rencontré Claudel, il annote les poèmes de Péguy, il est l'ami de l'historien Daniel-Rops. N'importe lequel de ces écrivains a pu le mettre sur la piste de Gilson, Mounier, de Lubac et Congar. S'il est impossible de mesurer ce qu'Angelo comprenait de leur « nouvelle théologie », force est de constater que de Lubac et, surtout, Congar ont dominé la réflexion théologique du concile Vatican II et que l'influence française y a dépassé de loin celle des autres Églises nationales. Devenu évêque de Rome, Angelo s'inspirera de l'archevêque de Paris qui combattait inlassablement pour mettre au monde un christianisme en accord avec son temps et accueillera à bras ouverts les évêques dont l'engagement et le franc-parler répugnaient tant à Pie XII.

Aucun document d'époque ne rapporte une visite ou une bénédiction d'Angelo aux prêtres ouvriers ; aucun ne signale une quelconque critique non plus. Sa façon toute simple de se rapprocher des Parisiens consiste à se promener dans son beau quartier et à engager la conversation avec des gens comme Yvette Morin, une survivante de l'Holocauste qui tient le kiosque où il achète la presse. Pie XII n'apprécie pas que son représentant officiel se balade en liberté dans les rues et se frotte au peuple comme s'il était de la même espèce.

Le nonce n'en a cure : à presque 70 ans, il est plus serein que jamais et ne craint plus grand-chose. Ayant renoncé à surveiller sa ligne, il régale ses nombreux invités (son chef ouvrira ensuite le restaurant La Grenouille) ; on le voit souvent aux réceptions diplomatiques une flûte de champagne dans une main, une cigarette dans l'autre. Une anecdote non confirmée veut qu'en voyant approcher une dame à l'ample poitrine largement décolletée et ornée d'un grand crucifix, il se soit écrié : « Quel Golgotha ! » Pendant des travaux de décoration qu'il faisait faire à la nonciature, il aurait sermonné un charpentier qui avait lâché quelques beaux blasphèmes après s'être donné un coup de marteau sur le pouce : « Alors, qu'est-ce que c'est que ça ? Vous ne pouvez pas dire "merde" comme tout le monde ? » Il existe une foule de *fioretti* de ce genre sur Angelo à partir de cette époque. Vraies ou fausses, ces anecdotes témoignent de la liberté qui lui était venue dans son vieil âge.

Le débat ne cessera de s'intensifier au sein de l'Église française durant sa nonciature. En 1948, les dominicains reçoivent Camus, qui les invite avec ferveur à chercher le Christ dans la face ensanglantée de l'histoire contemporaine. Accusé par l'*Osservatore Romano* de mollesse face au communisme, Suhard persiste et signe. Célébrant à Notre-Dame, en présence du nonce apostolique, le cinquantième anniversaire de son ordination, il appelle à « sauver les âmes de Paris », puis ajoute :

Telle est, mes Frères, la première tâche. C'est de cette foule-là que j'aurai à répondre au jour du Jugement. Comprenez-vous, alors, l'angoisse que j'éprouve ? C'est une hantise, une idée fixe, qui ne me quitte pas. Quand je parcours ces banlieues aux usines mornes, ou les rues illuminées du centre ; quand je vois cette foule, tour à tour raffinée ou misérable, mon cœur se serre jusqu'à la douleur. Et je n'ai pas à chercher loin le sujet de mes méditations. C'est toujours le même : il y a un mur qui sépare l'Église de la masse. Ce mur, il faut l'abattre à tout prix, pour rendre au Christ les foules qui l'ont perdu.

Le Vatican n'ose rien entreprendre contre un pasteur en si étroite communion avec son peuple. En avril 1949, l'archevêque publie sa dernière lettre pastorale, *Le prêtre dans la cité* : « C'est un véritable travail de renoncement intellectuel qu'appelle la christianisation de ce monde nouveau, annonce-t-il. Il nous faudra longtemps, peut-être, pour nous déshabituer de certaines "méthodes de chrétienté médiévale". » Son mépris affiché pour les méthodes moyen-âgeuses de l'Église et son appel à un renouveau intellectuel l'éloignent du pape à un point tel que le fossé devient quasi infranchissable.

Quelques semaines plus tard, la mort étouffe cette voix courageuse. Le Vatican saisit l'occasion pour émettre un décret excommuniant quiconque défendrait le communisme ou collaborerait de quelque façon que ce soit à l'instauration d'un régime de cette nature. Un an plus tard, l'encyclique *Humani generis* condamne catégoriquement tous les progrès de la pensée théologique française depuis la guerre. De Lubac est bâillonné et exclu de toutes les résidences jésuites hébergeant des étudiants que pourrait corrompre sa théologie « historiciste » — c'est-à-dire fondée sur des documents primitifs récemment exhumés plutôt que sur les « vérités éternelles », mais sans fondement historique, de la scolastique médiévale. Dans son exil anglais, Congar n'a pas le droit de parler avec des non-catholiques ni même avec d'autres dominicains parce qu'il est trop ouvert aux autres religions (travers que le Vatican qualifie d'« irénisme imprudent »). Les disciples du paléontologue jésuite Pierre Teilhard de Chardin (réduit au silence sur tous les sujets non scientifiques pendant plus de 25 ans) sont bannis pour « immanentisme » (association trop étroite de Dieu à l'humanité) et « polygénisme » (hypothèse scientifique sur la diversité des origines de l'espèce humaine, évidemment contraire au récit de la Genèse). Le dominicain Marie-Dominique Chenu, conseiller spirituel des prêtres ouvriers et grand responsable de l'édition des documents anciens dont s'inspire la nouvelle théologie, est mis à l'Index pour une étude inoffensive sur saint Thomas d'Aquin.

On a voulu faire place nette, on y est parvenu : la nouvelle théologie française est décapitée. Pire : *Humani generis* aura sur l'Église des années 1950 des effets aussi délétères que *Pascendi* au début du siècle. Quand Pie XII proclame le dogme de l'Ascension, sans plus de preuves que Pie IX n'en avait pour décréter celui de l'Immaculée Conception, le geste passe auprès des Français pour une espèce de bras d'honneur pontifical à leur méprisable modernité. En 1953, une fois Angelo parti, Pie XII dissoudra le mouvement des prêtres ouvriers.

Tout ce temps-là, Angelo garde le silence. Il affiche sa préférence pour la souriante sagesse de saint François de Sales ; c'est sans risque. Il fréquente tous ceux qui veulent bien de lui, non-catholiques, sécularistes militants, socialistes, même des communistes, ce qui n'est pas sans risque. Il chérit ses amis juifs, applaudit quand un non-pratiquant renoue avec la religion de ses ancêtres. Il lit avidement Simone Weil, voit beaucoup son père. Conscient des limites de sa fonction, il laisse les évêques français gérer les débats religieux français et s'applique simplement à exécuter sans faux pas les « demi-tours » à gauche et à droite du classique ballet diplomatique.

À quelques signes, on devine toutefois ce que lui chuchote son cœur. Devenu, en 1951, l'observateur officiel du

Vatican à l'UNESCO, il ne cache pas son admiration pour cette entreprise internationale qui lui semble proche du christianisme par ses objectifs, sinon par son vocabulaire. Il exhorte les employés catholiques de l'organisation à dialoguer avec leurs collègues incroyants et non catholiques : « Rencontrez-les sans méfiance, approchez-les sans peur, aidez-vous les uns les autres sans réserve. » Il s'entend très bien avec Maurice Feltin, le successeur de Suhard qui préside Pax Christi, l'organisation catholique pour la paix. Il lui empruntera l'un des grands thèmes de sa belle encyclique *Pacem in terris* : dans un monde truffé d'armes nucléaires, la guerre suppose le suicide moral de l'humanité.

Feltin devine derrière la façade bon enfant des qualités humaines peu communes : ce nonce aimable, compréhensif, toujours soucieux d'arrondir les angles ne manque ni d'esprit de décision ni de fermeté. Sa bonté n'est pas mollesse. Il est capable de subtilité, de perspicacité et de clairvoyance. « Je pourrais donner beaucoup d'exemples de la manière dont il a échappé à ceux qui essayaient de l'exploiter. » Enfin, un portrait d'Angelo qui lui rend justice : il n'est pas le simplet sociable qu'on prétend, mais un prêtre subtil et bon qui emploie sa finesse paysanne et une connaissance du monde péniblement acquise pour accomplir le bien. Si tant de gens s'y méprennent, c'est parce qu'il préfère œuvrer dans l'ombre : il n'est jamais si heureux que quand il peut faire la charité sans que cela se sache.

Lorsqu'il est incapable de peser sur le cours des événements ou que sa présence risque d'être mal interprétée, il s'éloigne, tout simplement. Après la publication de *Humani generis*, en plein mois d'août — une époque de l'année où Paris était désert — Angelo choisit de prendre deux mois de vacances dans sa province natale. À son retour, il n'avait rien à dire sur les foudres pontificales ; pas un mot, même dans son journal, jusqu'à la fin de l'année. « Surtout, dira le pape à son successeur Paolo Marella, ne faites pas comme Roncalli : il n'était jamais là. »

Tout méprisant qu'il soit envers ses subordonnés (il exige qu'ils s'agenouillent non seulement en sa présence, mais même quand ils entendent sa voix nasillarde au téléphone), Pie XII a besoin d'un minimum de cardinaux. Il a produit une première fournée de 32 en 1946, mais les rangs se sont éclaircis, et l'heure approche où le collège se réunira pour lui choisir un successeur. Les 24 élus de la fin 1952 constituent une reconnaissance tacite de la mondialisation croissante de l'Église. Les Italiens n'occupent plus que le tiers des sièges ; parmi eux, on trouve le loyal Angelo Giuseppe Roncalli. Le 15 janvier 1953, il reçoit la barrette rouge et la Légion d'honneur des mains du président Vincent Auriol, un agnostique notoire et l'un de ses meilleurs amis. Les Français ont pris la mesure des services que le nonce leur a rendus en œuvrant discrètement pendant toutes ces années au rapprochement de leur État et de son

Église; la cérémonie attire une foule de dignitaires. Dans son discours, Auriol rend hommage à l'homme qui a si bien mesuré le rôle de la France dans le monde et compris les traditions de justice et de tolérance qui font sa fierté et qui ont rassemblé, à l'appel de Léon XIII, toutes les familles spirituelles françaises autour de la République.

La combativité de Pie XII n'a donc pas empêché Angelo de poursuivre la réconciliation amorcée par son cher Léon XIII. Il laissera la France moins déchirée qu'à son arrivée entre sécularisme et catholicisme. Car il va partir, tout le monde le sait, lui le premier. Le jour même où Montini l'informait de son élévation à la pourpre cardinalice, il a appris que sa sœur Ancilla, son «trésor le plus précieux», se mourait du cancer et s'est précipité à son chevet. De retour à Paris, il confesse sa grande peur à Feltin : il se croit destiné à un poste au sein de la curie. Or, il ne se voit pas vivre à Rome, courir de réunion en réunion, s'absorber dans l'administration. «Je ne suis pas doué pour ça. Moi, je suis un pasteur.» Ce rôle auquel il s'est tant préparé, il n'a jamais été autorisé à l'exercer.

Approfondis ou superficiels, ses contacts avec la nouvelle théologie ne lui ont pas fait passer le goût de certains classiques : il relit régulièrement la Bible, en particulier les Évangiles, les textes liturgiques et rituels, l'*Imitation de Jésus-Christ*, les vies d'un certain nombre de saints — hommes et femmes qui ont particulièrement bien réussi leur imitation de Jésus-Christ — avec un faible pour ceux qui ont vécu à des périodes troublées. Pendant son séjour en Orient, il a ajouté à sa collection les livres saints des orthodoxes, notamment des recueils de prières liturgiques et de dictons attribués aux saints de cette Église. Leur lecture l'avait préparé à partager la passion du clergé français pour les textes patristiques (et parfois matristiques) grecs et latins exhumés par *Sources chrétiennes* ; comprendre le passé était pour lui une façon de préparer l'avenir.

Cette collection comprend aussi un roman du XIXe siècle d'Alessandro Manzoni, *I promessi sposi* (Les fiancés). Une œuvre capitale, qui a confirmé le toscan comme langue nationale et représente pour les Italiens un concentré de Fielding, Scott, Thackeray et Dickens. L'histoire se déroule en Lombardie au XVIIe siècle. L'auteur ne craint pas d'écorcher le clergé : le premier personnage qu'il nous présente est un prêtre veule dont les manœuvres intéressées mettent en danger les deux héros. La Providence divine imprègne le récit — nous sommes en Lombardie. L'exemplaire d'Angelo est écorné par l'usage ; son propriétaire y a souligné mille passages qui l'ont aidé à surmonter les épreuves de sa vie. Cette fois encore, il trouve consolation dans la prière et dans la foi de Lucia, la jeune héroïne au destin incertain : « Celui qui t'a donné toute cette joie est partout ; jamais il ne trouble le bonheur de ses enfants si ce n'est pour leur préparer un bonheur plus grand. »

Et voilà qu'aux honneurs conférés par le président
Auriol, le Vatican ajoute un hommage inattendu. Le nouveau cardinal est nommé patriarche de Venise. Comme
Renzo, le fiancé de Lucia, Angelo vient d'échapper à un
sort affreux — l'enfermement au Vatican — et peut enfin
rentrer à la maison. À 71 ans, il devient le pasteur de la
fabuleuse cité où la plaine lombarde rencontre l'Adriatique. Il ne doute pas un instant d'y finir sa carrière.

TROISIÈME PARTIE

Le patriarche et le pape

VENISE

L'HUMANITÉ SE DIVISE en deux camps : ceux qui considèrent Venise comme la plus belle ville du monde et les autres, qui vantent en général Florence, parfois Rome, Paris, Prague, Kyoto ou Le Cap, mais savent que leur fera toujours défaut la tranquille assurance des adorateurs de la Sérénissime.

Les Vénitiens raffolent des spectacles à grand déploiement. Il y a donc foule le 15 mars 1953 pour admirer la procession de gondoles fraîchement repeintes qui remonte, bannières au vent, le Grand Canal bordé de féériques *palazzi* aux façades drapées d'oriflammes à rayures ou à carreaux. Le pasteur qui fait ainsi son entrée solennelle est un vieil homme paisible qui aime le faste autant que ses nouvelles brebis : ils sont faits pour s'entendre. « Je veux être franc avec vous », annonce-t-il en débarquant.

> On vous a dit et écrit des choses qui dépassent beaucoup mes mérites. Je me présente humblement moi-même… Grâce à Dieu, j'ai une bonne santé et un peu de bon sens qui me permet de voir vite et clairement les choses. Tout disposé à aimer les hommes, je m'en tiens à la loi de l'Évangile, respectueux de mon droit et de celui d'autrui, ce qui m'empêche de faire du mal à quiconque et m'encourage à faire le bien à tous.

Il raconte ensuite ses humbles origines, la « pauvreté bénie » de son enfance, « peu exigeante et très favorable à l'éclosion des nobles vertus qui préparent aux plus hautes ascensions de la vie ». En parcourant « les chemins du monde en Orient et en Occident » — autre point commun avec l'historique cité marchande qui a longtemps servi de trait d'union entre les deux extrémités de la Méditerranée — il a vécu « aux côtés de gens de religions et d'idéologies diverses », mais s'est toujours préoccupé « non de ce qui sépare, mais de ce qui unit ». Il évoque Pétrarque, « un ami de Venise », rappelle le souvenir de Marco Polo, fils illustre de la cité, confesse un attachement égal au leur pour la ville qui régnait jadis sur les collines de son pays natal, « au delà de Somasca où se trouve la grotte de saint Jérôme Émilien ». Et il conclut :

> La charge qui m'est confiée dépasse mon mérite. Je tiens avant tout à recommander à votre bienveillance l'homme qui veut

être simplement votre frère, aimable, abordable, compréhensif… C'est cet homme, ce nouveau citoyen que Venise a bien voulu accueillir aujourd'hui avec tant d'éclat et de solennité.

Ah ! si tous les évêques se présentaient de cette manière-là ! Ce que Pie XII qualifierait sûrement de « faux irénisme » enchante les Vénitiens : un patriarche qui demande à devenir leur frère ! « Patriarche » dérive d'un mot grec qui signifie « chef de famille ». À l'origine, la chrétienté comptait quatre patriarcats : Jérusalem, Antioche, Alexandrie et Rome, évêchés dont la fondation était attribuée à Pierre, le grand pasteur que le Christ avait chargé de paître ses brebis. Au IVe siècle, Constantinople s'est ajoutée à la liste ; la Nouvelle Rome ne pouvait se contenter d'un simple évêché. Au fil des siècles, l'Église d'Orient a créé beaucoup de patriarcats, notamment pour répondre à la conversion de peuples comme les Bulgares et les Russes. Les patriarches orthodoxes supervisent les métropolites ou archevêques des grands centres urbains, lesquels chapeautent les évêques d'un certain nombre de villes satellites. En Occident, le pape a confisqué le titre et n'a consenti à le partager qu'avec deux évêques : les métropolitains de Venise (1451) et de Lisbonne (1716).

La façade de Saint-Marc, cathédrale du patriarche vénitien, se pare de toutes les merveilles dont étaient capables les talents créateurs de Byzance et de l'Europe médiévale : entrelacs aérien de dômes et d'arcs, de tourelles et de

clochetons, de poissons et d'oiseaux, de lions et de chevaux, de gargouilles et d'hommes, elle possède tant de finesse et de légèreté qu'elle évoque la dentelle plus que la
pierre. Ses exquises absides dorées ne font que suggérer les
splendeurs cachées de sa nef, immense grotte chatoyante
dont la haute coupole et les murs longs comme l'éternité
sont revêtus d'antiques mosaïques à fond doré représentant tous les grands personnages de l'Ancien et du Nouveau Testament. « Jamais, murmura un Ruskin stupéfait,
jamais ville n'a eu plus glorieuse Bible. » Saint-Pierre est un
monument à la raison et à la puissance ; Saint-Marc est le
symbole du rêve et de l'espoir.

Si fier qu'il soit de sa cité, le nouveau patriarche découvre
vite les dures réalités derrière la féérie. La pompe et la vénération dont on entoure le cardinal patriarche cachent mal
« le manque d'argent et la masse des pauvres et des chô-
meurs ». Les évêques fraîchement nommés sont rarement
satisfaits des moyens à leur disposition, mais les meilleurs
d'entre eux, comme Charles Borromée et Angelo Roncalli,
savent que l'important n'est pas de financer leurs caprices
personnels, mais de donner du travail aux démunis. À deux
pas de la mirifique Venise s'étalent la misère de la ville
ouvrière de Mestre et la débauche du port de Marghera.
Tout amoureux qu'il soit des beautés sans prix confiées à sa
charge, monseigneur Roncalli aura souvent l'occasion de
répéter que « nous ne sommes pas placés sur cette terre

pour jouer les gardiens de musée, mais pour cultiver un florissant jardin de vie et préparer un avenir glorieux ».

Il s'attache à créer de l'emploi en courtisant les grandes fortunes de la ville pour ensuite leur suggérer telle ou telle brillante commandite. Il obtient ainsi du comte Vittorio Cini de quoi restaurer l'abbaye bénédictine de San Giorgio, dans l'île qui fait face à la place Saint-Marc, de l'autre côté de la lagune. Au monastère proprement dit s'ajouteront un centre culturel, un théâtre en plein air, un institut technique et un orphelinat. Les travaux sont exécutés par des ouvriers de la région, les nouveaux services à la population créent des postes permanents. San Giorgio est un exemple parfait de ce que le patriarche attend de l'Église : la sauvegarde des trésors du passé par leur consécration à l'amélioration de l'existence. Il y voit « une résurrection miraculeuse, une île renaissant à une vie nouvelle et glorieuse ».

Au séminaire, on l'avait mis en garde contre les « amitiés particulières », c'est-à-dire les relations trop exclusives entre deux garçons. Elles étaient source de suspicion, de scandale, même, si elles duraient. Le mot « homosexualité » n'était jamais prononcé, mais on craignait manifestement les effets de ces émois adolescents sur le comportement des futurs prêtres. Aussi exhortait-on les séminaristes à passer leurs récréations en groupes d'au moins trois.

Cette contrainte contraire à sa nature, monseigneur Roncalli peut désormais s'en affranchir : à 70 ans, il bénéficie

de la présomption d'innocence qu'octroie la société italienne au vieil âge. Le prêtre d'expérience qu'il a choisi
pour secrétaire deviendra le confident qui lui manquait.
Âgé de près de 40 ans, Loris Capovilla vient de la région
padouane toute proche. Intelligent, discret, docile, actif, il
est capable d'une abnégation dont seule la grandeur d'un
Roncalli est digne. Des années avant leur première rencontre, il a vu une photo de son futur patron et s'est senti
mystérieusement attiré par lui. Capovilla n'est pas plus
grand que le patriarche (moins de 1,70 m), mais sa silhouette svelte, ses cheveux coupés en brosse, son visage
lisse aux traits réguliers lui donnent l'air d'un jeune
homme. Il deviendra pour son évêque bien plus qu'un
secrétaire : un compagnon, une épouse, un fils. Je n'essaie
pas d'insinuer qu'il existait une quelconque attirance
sexuelle entre eux ; je veux simplement suggérer une intimité plus grande que celle qu'on observe d'ordinaire entre
un père et son fils, une proximité entièrement dépourvue
des tensions qui marquent en général les relations filiales.
Jamais Capovilla n'aurait osé présumer de l'amitié de son
supérieur : Roncalli était son évêque, son père, son patriarche. Leurs rapports étaient du même ordre que ceux qui
avaient lié Roncalli et Radini-Tedeschi des années auparavant. Ils ne s'appelèrent jamais par leurs seuls prénoms ;
cela ne se faisait pas entre prêtres italiens. (Un vieux cardinal de la curie m'a raconté que personne ne l'avait appelé

Agostino depuis son enfance et que les évêques italiens avaient été estomaqués d'entendre, au concile Vatican II, leurs collègues américains se donner du « Frank » et du « Jack ».) Roncalli était « Votre Éminence » (plus tard « Saint-Père »), Capovilla était « don Loris ». Ce qui ne les empêchait pas de se vouer une affection immense. Capovilla accompagnera son père spirituel jusqu'à sa mort, dix ans plus tard.

Roncalli a laissé affleurer devant lui un sentiment qu'il n'aurait exprimé devant personne d'autre. Sa sœur Ancilla était morte le 11 novembre 1953 au terme d'une année d'agonie. Il lui avait rendu visite le plus souvent possible et lui avait écrit régulièrement, mais il n'était pas là au moment fatidique, malgré sa promesse. Il dut se contenter de déposer un baiser sur son front glacé : « Le deuxième, confia-t-il ensuite à Capovilla. Le premier, je le lui ai donné après avoir appris qu'elle se mourait. » (Ainsi vivaient les prêtres avant Jean XXIII. Et dire que le héros de *Un prete tra noi* [Un prêtre parmi nous, émission très populaire en Italie] embrasse tous ceux qui passent à sa portée !) Après les obsèques, Roncalli et Capovilla regagnèrent Venise en train. La nuit était pluvieuse et froide, bien faite pour nourrir de sombres pensées, et le patriarche pressentait peut-être que la Faucheuse n'en avait pas terminé avec lui. (Elle lui prendra Teresa en 1954 et Maria en 1955, lui laissant seulement Assunta et trois frères.) « *Guai a noi se fosse tutta un'illusione*», murmura-t-il pour lui-même, mais assez haut pour que Capovilla l'entende : malheur à nous si tout n'est qu'illusion. Croire n'est pas savoir ; la foi la plus profonde ne vous épargne pas le frisson du doute.

De retour à Venise, le patriarche noie sa peine dans le travail, bénit pétroliers et footballeurs, déclare à un conseil de ville non exempt d'anticléricaux qu'on ne reconnaît pas le chrétien à ses paroles, mais à ses actes, visite toutes les paroisses de son diocèse à la manière de Radini-Tedeschi. En 1957, s'inspirant de Charles Borromée, il convoque un synode diocésain. La même année, il a l'audace de souhaiter la bienvenue au 32e congrès du parti socialiste et de prier publiquement pour qu'il contribue au rapprochement des catholiques et des laïques. Le socialisme est, après tout, « inspiré par le désir d'aboutir à un régime de mutuelle compréhension qui doit contribuer à améliorer les conditions de vie et de prospérité sociale ». L'*Unità*, organe de presse des communistes, salue cette « ouverture à gauche » qui pourrait jeter les bases d'une coopération originale entre tous ceux qui ont une conscience sociale. Le Vatican adresse en privé un blâme sévère au « naïf » patriarche, qui se défend en accusant « les ciseaux malveillants de [ses] détracteurs » de déformer sa pensée en dissociant ses phrases de leur contexte. « La courtoisie n'est-elle pas le premier but de la charité ? » Accueillir quelqu'un n'est pas un crime. C'est un geste de politesse qui requiert de la chaleur quelles que soient les circonstances.

Dans le même esprit, il reçoit avec éclat les artistes de la Biennale, la célèbre exposition d'art contemporain présentée à Venise tous les deux ans. Ses prédécesseurs, estimant cette manifestation immorale, en interdisaient la visite au clergé. Roncalli leva l'interdiction et ouvrit le palais patriarcal aux artistes et à leurs admirateurs. Dans sa grande encyclique *Pacem in terris*, le pape Jean présentera la recherche artistique comme l'un des droits de l'homme.

Tous les jours, le patriarche prie pour les pays où il a vécu : il récite prime pour la France, tierce pour la Turquie, sexte pour la Grèce, none pour sa chère Bulgarie. Il coupe court aux grandioses festivités qui se préparaient à Sotto il Monte pour marquer le 50ᵉ anniversaire de son ordination, tance vivement son neveu, le jeune prêtre Battista Roncalli : « Je veux être *seul, seul* avec ma famille et les chers paroissiens de Sotto il Monte. Compris ?... J'ai déjà reçu plus que ma part d'hommages publics dans ma vie. » Sa croix, c'est un voyant du nom de Gaston Bardet qui lui prédit un pontificat distingué par « des interventions doctrinales et des réformes disciplinaires ». Il en parle dans ses lettres aux siens comme « ce fou de Français ».

Il a des consolations : la compagnie de personnalités comme l'historien de l'art Bernard Berenson et le compositeur Igor Stravinsky (on les voit parfois marcher le long des canaux, plongés dans une discussion animée) ; l'amitié de prélats étrangers dont les cardinaux Stefan Wyszynski de Varsovie et Francis Spellman de New York (lequel se liait avec tous les *papabili*, même les plus improbables) ; les contacts avec les petites gens, qu'il cultive en prenant le *vaporetto* (bateau-autobus) dans la cohue et en recevant tous ceux qui lui demandent audience, de nuit comme de jour. Il peut se le permettre, son diocèse compte à peine 400 000 âmes, mais sa disponibilité est aussi le signe d'une affection paternelle qui ne le rend que plus cher aux Vénitiens. Pour que personne n'en doute, il fait graver les mots *Pastor et Pater* (pasteur et père) sur le linteau de sa porte. Conscient des limites de son rôle, il met candidement son clergé en garde contre l'autoritarisme, qui « réprime les initiatives légitimes, refuse d'écouter, confond fermeté et dureté, inflexibilité et dignité », et le paternalisme, « caricature de la paternité… [qui] entretient l'immaturité pour conserver son emprise… prend un ton protecteur et ne tolère pas la véritable collaboration », ce mot honni de Pie XII.

Lequel se meurt depuis des années — les rumeurs ont commencé à courir au début de 1954 — mais discourt encore d'un ton docte sur tous les sujets et béatifie ou canonise selon son bon plaisir (Pie X, par exemple). Il a exilé le compétent Montini à Milan et l'a privé du chapeau de cardinal qui aurait dû aller de pair pour le punir d'avoir hésité à lui transmettre un renseignement. Le Saint-Siège

est paralysé : tout le monde observe l'agonie papale en re-
tenant son souffle. De moins en moins capable d'exercer
ses fonctions, le pontife s'en remet aveuglément à sœur
Pascalina Lehnert, son arrogante gouvernante allemande
qu'on appelle malicieusement *La Papessa* ou *Virgo Potens*
(Vierge de pouvoir, l'un des titres de la Vierge Marie). On
raconte que, durant ses derniers jours, Pie XII participa des
souffrances du Christ et eut des visions de la mère de Dieu,
pour laquelle il avait montré une constante piété.

Ce qui est sûr, c'est que Paul Niehaus, son gérontologue
suisse, rendit sa fin plus pénible avec des injections
« revigorantes » de tissus d'agneau : hypochondriaque,
Pie XII gobait facilement ce genre de bobards. Un autre
traitement destiné à régénérer ses gencives lui durcit le
palais et l'œsophage, lui infligeant un hoquet irrépressible.
L'infaillibilité pontificale ne vaut pas pour le choix du
médecin. Après sa mort, le 9 octobre 1958 à Castel Gandolfo, son médecin officiel, Riccardo Galeazzi-Lisi, fit un
tel gâchis de l'embaumement que le cadavre, travaillé par
la chaleur, commença à pétarader dans son cercueil. Lisi
passa la nuit à réparer les dégâts, mais les fidèles qui défi-
laient devant le catafalque dans la basilique Saint-Pierre
virent tout à coup la face verdir et le nez vaciller sur son
socle pendant qu'une odeur pestilentielle s'exhalait aux
alentours. En contemplant la dépouille de ce pape qu'il
voyait pour la première fois sans ses lunettes, Angelo

Roncalli n'eut conscience que d'une chose, « la grande leçon de la mort ».

Galeazzi-Lisi convoqua une conférence de presse pour décrire, avec force détails macabres, sa technique d'embaumement, qu'il prétendait inspirée de celle des anciens Égyptiens, et en profita pour vendre des photos du cadavre aux agences de presse. Les cardinaux de la curie expédièrent l'indiscret. Juste avant d'entrer au conclave, le patriarche de Venise intima à don Battista, son trop zélé neveu, l'ordre de ne pas mettre les pieds à Rome, qu'encombraient déjà de leur présence très ostensible les neveux du défunt. À cette étape du processus, l'électeur qui aurait eu l'air de mettre en place une administration aurait été écarté à coup sûr. Roncalli savait donc qu'il était *papabile*.

Le mot « conclave » vient du latin médiéval ; il signifie « chambre fermée à clé ». Les cardinaux électeurs — 51 seulement en octobre 1958 : Pie XII était avare de chapeaux — sont en effet enfermés dans le palais du Vatican où ont été aménagées des cellules spartiates. Il leur est interdit de sortir de leur prison tant qu'ils n'ont pas élu un pape. Celui qui oserait révéler quoi que ce soit sur les scrutins serait excommunié. Les combines politiques sont prohibées, mais interdit-on à un chien d'aboyer ? Ce règlement a été promulgué après la Renaissance pour protéger les cardinaux des manigances internes et des pressions externes. Avant de gagner sa cellule, Roncalli écrit à l'évêque de

Bergame : « Mon âme réconfortée espère en la nouvelle Pentecôte. »

Malgré la menace d'excommunication, on finit toujours par savoir ce qui s'est passé. Nous disposons donc d'un compte rendu assez précis de cette élection. Pie XII avait régné longtemps, et la soif de nouveauté était très vive. Plus le temps passe, moins on supporte la voix du maître, et même les conservateurs endurcis finissent par rêver d'un changement de ton. Le conclave se divise très vite en deux clans. Les modernistes appuient l'admirable archevêque de Bologne, Giacomo Lercaro, qui prône une liturgie dépouillée dans la langue du peuple et a converti son palais épiscopal en orphelinat ; les conservateurs, le cassant et pompeux archevêque de Gênes, Giuseppe Siri, un homme à droite de Pie XII. Siri est rapidement écarté : âgé de 52 ans, il pourrait s'incruster. Quant à Lercaro, il est trop marqué à gauche pour réunir la majorité des deux tiers plus une voix. Ce qu'il faudrait, c'est un homme âgé, mais capable de jeter « un pont entre les classes et les nations, y compris celles qui persécutent la religion chrétienne », comme l'a dit le cardinal Antonio Bacci dans l'allocution précédant la fermeture des portes. Bref, le contraire d'un Pie.

Deux électeurs seulement répondent à ce portrait : Gregory Agagianian, patriarche non italien des uniates d'Arménie, et le patriarche de Venise. Le nom de Montini a circulé, mais a été écarté au motif qu'il n'était pas cardinal.

Les scrutins se succèdent, Agagianian et Roncalli montent et descendent «comme des pois chiches dans l'eau bouillante» (la comparaison est de Jean XXIII). La fumée annonçant le résultat reste obstinément noire. Elle provient d'un petit poêle installé dans la chapelle Sixtine où ont lieu tous les scrutins. Le dixième, à 11 h 10 le 28 octobre, produit encore une fumée noire, à la grande déception de la foule massée à l'extérieur. Sauf qu'Agagianian, ayant drainé toutes les voix conservatrices, n'a pas progressé, alors que les partisans français et italiens de Roncalli, emmenés par le cardinal Feltin, archevêque de Paris et vieille connaissance du candidat, continuent à recruter des électeurs. Roncalli quitte la chapelle et regagne sa cellule. Au lieu de manger avec les autres dans la grande salle du trône, il demande à Capovilla de lui apporter un plateau. Les deux hommes prennent dans un silence gêné leur frugal repas — un bol de soupe, une tranche de viande, un verre de vin et une pomme — puis le cardinal demande à rester seul pour se préparer. À 16 heures, les électeurs glissent leur 11e bulletin de vote dans le calice qui fait office d'urne, sous le terrifiant Jugement dernier de Michel-Ange. Cinquante minutes plus tard, le dépouillement s'achève: Angelo Giuseppe Roncalli, paysan bergamasque et patriarche de Venise, est élu par 38 voix pontife suprême de l'Église catholique romaine. D'après les calculs du Vatican, il est le 258e successeur de Pierre.

« Vocabor Johannes », annonce le nouveau pape de sa voix grave et mélodieuse, si différente du caquètement de son prédécesseur (Pie XII n'avait pas d'oreille) : je m'appellerai Jean. Les électeurs ferrés en histoire sont médusés. Le précédent Jean XXIII était un antipape, un ancien pirate, un assassin ; l'Avignonnais Jean XXII, quoique légitime, était un sot cupide et hérétique. À eux deux, ils ont fait de Jean un nom maudit, comme l'est Henri pour les rois d'Angleterre. À quoi peut bien penser Roncalli ? Plus instruit de l'histoire ecclésiastique que tout autre cardinal présent, il pense que même les mauvais papes ont servi le plan divin et qu'un nom terni peut reprendre de l'éclat dans un nouveau contexte. Il pense surtout à son père Giovanni, qui l'a jadis porté sur ses épaules, tel le bon berger de la parabole, à Jean le Baptiste qui a préparé la voie du Seigneur et à Jean, l'apôtre bien-aimé qui a posé sa tête sur l'épaule du Sauveur pendant la Dernière Cène et qui est devenu l'apôtre de l'amour — celui que Dieu nous donne et que nous nous donnons les uns les autres.

Une fumée blanche flotte au-dessus de Saint-Pierre ; la foule éclate en acclamations. La nouvelle se répand dans le monde à la vitesse du son. À Sotto il Monte, au pied des collines pourpres que le nouveau pape aimait tant et ne reverra jamais, Assunta Roncalli, sa plus jeune sœur, l'entend à la radio et se prend la tête à deux mains : « Mon Dieu, ils ont élu Angelino ! »

Le Vatican

La présentation d'un pape fraîchement élu obéit à des règles très anciennes. Les cardinaux prennent place sur des petits trônes couronnés d'un dais écarlate. On leur annonce que l'un d'eux a réuni le nombre de voix nécessaire. Après l'avoir entendu accepter la charge, tout le monde replie son dais, sauf le nouveau pontife. Les autres s'approchent à tour de rôle et lui rendent hommage sous le regard des géants de Michel-Ange. Le pape est alors amené à la sacristie et revêtu de sa nouvelle tenue. Haut comme trois pommes, mais rond comme une barrique (il fait presque 100 kilos), Roncalli pose un problème épineux à ses habilleurs : il ne rentre dans aucune des soutanes blanches préparées par le tailleur pontifical. On doit recourir à des épingles de sûreté pour fermer la tunique sur son ventre rebondi ; un ample surplis cache le rafistolage. Le nouveau pape se rend ensuite au balcon qui surplombe le grand portail de la basilique Saint-Pierre, mais ne s'y montre pas tout de suite. Un cardinal, en l'occurrence monseigneur Nicola Canali, doit d'abord faire l'annonce traditionnelle à la foule, qui sait l'essentiel puisqu'elle a vu la fumée blanche, mais ignore encore le nom de l'élu. *Nuntio vobis gaudium magnum : habemus papam !* (Je vous annonce une grande joie : nous avons un pape !) Le héraut révèle ce nom et celui que le pontife s'est donné. Enfin, le pape s'avance, lève la main droite et trace au-dessus de la foule en délire un triple signe de croix, donnant sa première bénédiction *urbi et orbi*, à la ville et au monde.

En sortant, Jean XXIII est ébloui par les projecteurs de la télévision : « J'ai béni Rome et le monde à l'aveuglette. Je quittais le balcon lorsque j'ai réalisé que j'allais passer le reste de mes jours sous les feux des projecteurs. Je me suis dit : si tu n'es pas fidèle à l'enseignement de ton doux et humble Maître, tu ne comprendras rien aux réalités de ce monde, et tu seras vraiment aveugle. »

Pendant un conclave, le Vatican vit sous cloche. Même les lignes téléphoniques avec l'extérieur sont coupées. En attendant qu'elles soient rétablies, le nouveau pape fait un brin de causette avec le technicien qui s'occupe du rebranchement. *Come va ?* Plutôt mal, Votre Éminence, répond l'homme, qui n'a pas réalisé à qui il avait affaire. Le Vatican paie chichement, et moi, j'ai beaucoup de bouches à nourrir. Son Éminence demande des précisions. Dans quelques mois, les salaires des employés laïques du Saint-Siège seront doublés. Aux ecclésiastiques qui lui reprocheront cette dépense nuisible au financement des œuvres de charité, Jean répliquera que la justice passe avant la charité. Pour le moment, il se contente de remercier le technicien et de lui chuchoter : « Entre nous, je ne suis plus une éminence, je suis le pape. »

Il devrait passer la nuit dans les appartements de Pie XII, mais la perspective ne l'enchante pas. Ceux du secrétaire d'État sont vides depuis des années : son prédécesseur, on le sait, ne voulait pas de collaborateurs et faisait donc tout lui-même. Avant de s'y retirer pour la nuit, il prie Capovilla d'aller chercher Domenico Tardini, l'homme qui a remplacé Montini à la tête du secrétariat d'État et a beaucoup peiné à satisfaire les quatre volontés de l'acariâtre malade. Tardini n'est pas un modèle d'amabilité ; il s'est toujours montré hautain et désobligeant avec les amis libéraux de son rival Montini. Chacun sait qu'il ne tient pas Roncalli en haute estime.

En entrant, il s'agenouille comme l'exigeait Pie XII de tous ses subordonnés, mais Jean XXIII le relève, l'invite à s'asseoir et lui annonce qu'il va être nommé prosecrétaire d'État, c'est-à-dire premier ministre du Vatican. (Il ne peut pas être nommé secrétaire parce qu'il n'est pas cardinal.) Tardini se récrie : il n'est pas l'homme de la situation, n'a jamais partagé les vues du nouveau pape, et il est *stufo* (las). « Ce soir, répond Jean, je peux vous donner l'ordre d'obéir. » Tardini est au service du Saint-Siège depuis 40 ans, le nouveau pape a besoin de son expérience. « Je vous serai fidèle, vous me serez loyal, Dieu nous aidera. » Tardini s'agenouille et accepte.

Cette nomination est un signal : le nouveau pape ne chassera pas les hommes de Pie XII. D'une part, il ignore à peu près tout du fonctionnement de la curie et compte sur la vieille garde pour le guider dans ce labyrinthe. D'autre part, et c'est le plus important, il ne croit pas utile de faire le vide pour réaliser une quelconque révolution. Le changement qu'il médite n'est pas idéologique, mais méthodologique : il n'a donc pas besoin d'opérer le genre de purge qui accompagne le remplacement d'un président républicain par un démocrate, par exemple. Enfin, il n'entend pas provoquer de guerre idéologique au sein de l'Église ; il a trop souffert des chasses aux sorcières favorables aux conservateurs pour en parrainer une au profit des libéraux. Sa boussole, c'est la prière que Jésus a adressée à son Père la veille de sa crucifixion : « Qu'ils soient un comme nous. » Le Sauveur a appelé tous les chrétiens à l'unité. Comment le pape pourrait-il provoquer des dissensions au sein de l'Église catholique ?

Jean préfère étoffer les rangs des cardinaux. Il fait les premières nominations de l'histoire pour le Japon, les Philippines, l'Afrique et le Mexique, se félicite ouvertement de celle de Laurean Rugambwa à Dar-es-Salaam : l'archevêque est le premier Noir à recevoir la barrette. L'obtiennent en même temps Tardini et, bien sûr, son vieil ami Montini. Ensuite, Jean savoure son couronnement à Saint-Pierre et la prise de possession de sa cathédrale de Saint-Jean-de-Latran : chaque cérémonie dure près de cinq heures, mais il n'a jamais boudé un beau spectacle. Toute sa parenté est là, qui fond en larmes à la moindre occasion. « Allons donc, s'exclame Sa Sainteté, ce qu'ils m'ont fait n'est pas *si* terrible ! » Que dirait-il si sa nièce, sœur Angela, prenait en charge sa maison ? « Une sœur Pascalina, c'est assez. » Il ne veut pas que ses proches s'installent à Rome. C'est la génération précédente qui lui manque, la nuit : « Ô ma mère, mon père, grand-père Angelo, oncle Zaverio, où êtes-vous ?… Continuez à prier pour moi. »

Il cherche à adoucir le style pontifical, demande qu'on « humanise » le féroce lion teutonique de ses armoiries, prie l'*Osservatore Romano* de remplacer les pompeuses « paroles sacrées telles que nous les avons cueillies sur les lèvres de Sa Sainteté » par « le pape a dit ». Lors de la première conférence de presse dans l'histoire de la papauté, il surprend les reporters non par le fond, mais par la forme de sa communication : il parle sans notes, dit ce qui lui passe par la tête, s'amuse comme un enfant. « Son visage, s'émerveille Silvio Negro dans le *Corriere della sera*, est perpétuellement illuminé par un sourire bon enfant. L'ambiance est si chaleureuse que l'auditeur se croirait en famille. » Jean déroute également les jardiniers du Vatican en leur adressant la parole. Quand Pie XII faisait une promenade, ils avaient ordre de se fondre dans le décor et de ne pas lever les yeux sur lui. « Pourquoi devraient-ils détourner le regard ?, veut savoir le successeur. Nous ne faisons rien qui puisse causer scandale. » Pour protéger son crâne dégarni des courants d'air, il adopte le *camauro*, chapeau de velours rouge bordé de fourrure blanche qu'affectionnaient les papes de la Renaissance; il tient mieux que la calotte blanche, mais lui donne vaguement l'air du père Noël.

Dans le discours livré à la radio du Vatican le premier jour de son pontificat, il a traité longuement de l'unité des chrétiens et de la paix dans le monde. Deux sujets dont se souciait fort peu son prédécesseur: Pie XII fuyait la compagnie des chrétiens non catholiques et se montrait si férocement anticommuniste qu'on l'appelait le pape de l'Alliance atlantique. Jean XXIII, au contraire, a fait des vœux pour tous ceux qui sont séparés du Siège apostolique et a déploré qu'on gaspille des fortunes en pernicieux engins de mort et de destruction au lieu de s'en servir pour alléger le fardeau de toutes les classes de la société, en particulier les moins favorisées. Il a même eu un bon mot pour les droits de l'Homme qui dérangent tant le Vatican. Le problème, c'est qu'il parlait en latin et que la traduction a noyé son message dans le galimatias traditionnel. Jean avait deux rédacteurs, l'un pour le latin, l'autre pour l'italien, mais dut se battre pied à pied jusqu'à la fin pour obtenir d'eux des textes exprimant clairement sa pensée: ils trouvaient la simplicité indigne d'un pape. En attendant, son premier discours est passé complètement inaperçu à l'étranger. Un homme, pourtant, a reçu le message cinq sur cinq: Luigi Sturzo, le fondateur du parti progressiste que Mussolini et le Vatican avaient détruit (il a été

remplacé par le parti chrétien-démocrate après la guerre).
« Paix, justice, liberté, reconnaissance mutuelle des droits et
des devoirs — tout cela sur le ton de l'amour », s'est réjoui
le prêtre octogénaire dans un article publié par *Avvenire*,
un journal catholique national.

Le jour de Noël, le pape quitte le Vatican pour rendre
visite aux petits poliomyélitiques de l'hôpital Bambin Gesù,
sur la colline voisine du Janicule. Cette brève excursion laisse
tout le monde pantois : le pape n'est donc pas emprisonné
au Vatican par un méchant État laïque ! En fait, Sa Sainteté
peut circuler librement depuis la signature des accords du
Latran, en 1929, mais Pie XII a quitté son micro-État exactement une fois en 19 années de pontificat. S'ils sont ravis de
l'attention, les enfants ne se laissent pas intimider par
l'auguste personnage. « *Vieni qui, vieni qui, Papa* » (par ici,
par ici), crient-ils au visiteur, qui obéit de bonne grâce et les
embrasse au passage. Quelques-uns, voyant son sac de cadeaux,
le prennent pour *Babbo Natale* (Papa Noël) ; il se garde bien
de les détromper. Quand il demande son nom à un petit
garçon, l'enfant lui explique gravement qu'il en a des tas,
mais qu'on l'appelle habituellement Giuseppe (Joseph). Et le
monsieur, il s'appelle comment ? « Moi aussi, je m'appelle
Giuseppe, mais maintenant », Jean hausse les épaules et fait
une moue résignée, comme s'il avait également reçu une
quantité de noms pour des raisons obscures, « on m'appelle
Giovanni ». Il est comme un poisson dans l'eau.

Le lendemain, c'est au tour des prisonniers de Regina Cœli, au pied du même Janicule. La presse répercutera l'événement *urbi et orbi*. Un reportage de la chaîne publique italienne RAI capte bien ce qu'ont vécu et ressenti les personnes présentes. Jean XXIII nous a laissé sa propre relation de l'affaire : « J'étais cerné par les photographes, les prisonniers et les gardes, mais le Seigneur veillait à mes côtés. » Le film nous montre un vieil homme au regard pétillant qui sourit de toutes ses dents et ponctue de ses larges mains de paysan des commentaires manifestement impromptus. Puisque vous ne pouvez venir à moi, dit-il à ses auditeurs, je suis venu à vous. Moi aussi, je suis né pauvre. En Italie, il n'y a que trois façons de perdre de l'argent : le jeu, les femmes et la terre. Mon père avait choisi la moins intéressante. L'un de mes frères a été condamné pour braconnage ; un oncle a fait de la prison. C'est le genre de chose qui arrive quand on est pauvre, mais nous sommes tous les enfants de Dieu. « Et moi… je suis votre frère Joseph. »

La phrase est tirée de la Genèse : Joseph révèle ainsi, au milieu des larmes, son identité aux autres fils de Jacob. Jean l'a déjà employée le jour de son intronisation, mais dans cette prison, elle prend une résonance bouleversante. Dans l'auditoire, prêtres et hommes politiques, prisonniers et gardiens pleurent sans retenue : le film montre une série de visages patibulaires ruisselant de larmes. Un meurtrier s'approche : « Serai-je pardonné ? » Le pape le serre dans ses bras, indifférent au risque que le geste représente pour son image, peut-être même pour sa vie. Le blanc prisonnier du Vatican a franchi le cordon sanitaire pour se mêler à l'humanité pécheresse : le monde entier comprend tout à coup que ce pape-là ne ressemblera à aucun autre.

Jean ne s'arrête pas en si bon chemin. Rome a trop grandi pour qu'il puisse la parcourir toute à pied comme jadis Benoît XIV, mais il persuade l'un de ses chauffeurs — les frères Gianpaolo et Guido Gusso, deux joyeux drilles vénitiens — de le conduire d'un quartier à l'autre et de le laisser descendre ici et là, dans les zones pauvres, en particulier, pour bavarder avec les habitants. Ses *passeggiata* affolent sa sécurité, mais enchantent les Romains, qui le surnomment *il papa buono*. C'est une première dans l'histoire de la papauté et, indirectement, un jugement sévère sur tous les prédécesseurs de Jean XXIII. Enfin, un pape humain, généreux, aimant, un pape digne de ce nom !

La première semaine sainte du pontificat n'est pas moins surprenante que le premier Noël. Dans la prière universelle du Vendredi saint, Jean remplace d'autorité la perfide oraison pour les Juifs infidèles (« Seigneur, vous qui pardonnez même aux Juifs infidèles, écoutez les prières que nous faisons pour ce peuple aveuglé ») par cette affectueuse invocation : « Prions aussi pour les Juifs auxquels Dieu notre

Seigneur a parlé en premier. Puisse-t-Il les garder fidèles à sa promesse et à l'amour de son nom afin qu'ils accomplissent le destin qu'Il leur a réservé.» En restant lui-même fidèle aux nombreux amis juifs qu'il s'était faits tout au long de sa vie, Jean poussera doucement son Église à un rapprochement que beaucoup croyaient impossible.

Jean est bon, pas bonasse. Il n'aspirait pas à la tiare et tient pour une grande grâce, la première de son pontificat, le fait qu'il l'ait obtenue sans l'avoir cherché. Il n'est pas pour autant maladivement modeste : il a accueilli son élection de bon cœur et porte avec entrain le fardeau de sa charge. Il ne sous-estime pas ses talents. La preuve, c'est le projet qu'il mijote : une entreprise si extraordinaire qu'il s'attend à une opposition féroce et, surtout, machiavélique. Le pape est peut-être infaillible, mais il n'est pas tout-puissant. Jean sait très bien que la bureaucratie vaticane est capable de mener contre lui une guérilla sournoise qui le réduirait à un rôle de figuration. Il lui faut trouver un moyen de forcer la main des opposants potentiels avant qu'ils n'aient eu le temps de s'organiser, si possible de comprendre ce qui leur arrive. Ce long mûrissement nous le révèle tel que le cardinal Feltin avait décrit le nonce Roncalli : subtil, perspicace, clairvoyant.

Le projet qu'il caresse, et qui doit être la deuxième grâce de son pontificat, c'est la convocation d'un concile œcuménique. Le dernier s'est tenu au Vatican sous Pie IX et a

tout juste eu le temps de proclamer l'infaillibilité du pape
avant d'être brutalement clôturé par la guerre franco-
prussienne. Pie XII a songé à en convoquer un, avait même
créé quelques commissions secrètes pour préparer le terrain, mais au vu de leurs propositions — nouvelle fulmi-
nation des hérésies et idées modernes, réaffirmation
solennelle des vérités éternelles de l'Église — il a tout an-
nulé, estimant sans doute qu'il n'avait besoin de personne
pour ça. L'idée a dû germer très tôt dans l'esprit de son
successeur ; divers indices laissent même supposer qu'il y
pensait un ou deux jours seulement après son élection.
Chose certaine, dès la fin de 1958, Jean compulsait les dossiers du concile Vatican I, notamment les comptes rendus
de sa préparation, ainsi que les documents pondus par les
commissions de Pie XII. Tout déférent qu'il ait été pendant
sa carrière à l'égard de la hiérarchie, Angelo Roncalli s'est
montré, dans ses journaux intimes notamment, trop critique pour que le doute soit permis : il déplorait l'étroitesse
de vues de son Église et son aversion pour le monde
moderne. Je soupçonne même qu'il voyait depuis longtemps dans le concile le moyen de remédier à la lente
asphyxie dont il avait été témoin pendant la plus grande
partie de sa vie. Jean XXIII avait le pouvoir de revivifier
l'Église, mais il lui faudrait en user avec une habileté quasi
surnaturelle pour déjouer ceux qui chercheraient très certainement à contrarier son plan.

Pour passer à l'action, il doit toutefois être convaincu que sa solution est d'inspiration divine. Aussi laisse-t-il l'idée mûrir, comme on fait vieillir un vin pour en dévelop- per le bouquet. Il s'en ouvre d'abord à Capovilla, qui s'af- fole : un échec serait trop dur pour un homme de son âge. Jean retourne l'argument pendant quelques jours, puis commente d'un ton badin : « Le problème, don Loris, c'est que vous êtes encore trop attaché à votre réputation. Seul l'homme dont l'amour-propre a été piétiné est tout à fait libre. Vous ne l'êtes pas encore, don Loris. » Jean s'en remet à la Providence : ni le risque d'échec, ni le stress de l'aven- ture ne lui paraissent des arguments valables.

De son confesseur, il obtient cet avis sibyllin : « Ceux qui se laissent guider par l'Esprit sont les fils de Dieu. » Soit. L'idée le hante, il ne voit aucune raison valable de ne pas y donner suite, et aucun pouvoir terrestre ne peut l'en empêcher. Est-ce suffisant pour conclure à l'inspiration divine ? Jean sait trop bien à quel point l'homme peut se leurrer lui-même. L'un de ses personnages favoris dans *I promessi sposi* est une brave dame aussi soucieuse de faire la volonté divine que portée à la confondre avec ses propres caprices. Je crois qu'il a dû s'interroger jusqu'à ce que lui vienne une autre idée, celle qui lui permit de déjouer ses adversaires et de les attirer dans son camp.

Le mardi 20 janvier 1959, il annonce à Tardini qu'après moultes prières et méditations, il a résolu de réaliser trois choses durant son pontificat : un synode du clergé romain, un concile œcuménique et une réforme du droit canon. Il en fera l'annonce aux cardinaux le dimanche 25 janvier dans la basilique Saint-Paul-hors-les-murs. Très habilement, il a glissé le concile entre deux projets peu compromettants et en a parlé, comme il le racontera plus tard, d'un ton « hésitant et dubitatif ». Tardini se montre agréablement surpris. Qu'il le soit ou non, il n'aurait pas le temps de susciter une opposition sérieuse avant l'annonce officielle. Et comme Jean n'a pas dévoilé ses intentions, il peut légitimement penser que ce concile aura l'ennuyeuse prévisibilité du projet de Pie XII.

Le dimanche suivant, dans la salle du chapitre de l'abbaye, Jean prononce un discours qui ne lui ressemble guère. Il évoque les deux cités de saint Augustin, celle de Dieu et celle des hommes qui est, comme chacun sait, aux mains du prince des ténèbres ; il déplore l'indiscipline et la dégradation de l'ordre moral ancien ; il condamne les erreurs modernes, germe de divisions fatales et regrettables (c'est ainsi qu'on désigne la Réforme en vaticanais), source de décadence morale et spirituelle (le sécularisme) et cause de la ruine des nations (le communisme). Bref, il accumule tant et si bien les clichés éculés que les cardinaux ont la tête ailleurs lorsqu'il énumère ses trois projets, à la fin de son allocution. Peter Hebblethwaite, auteur d'une excellente biographie de Jean XXIII, pense qu'il voulait ainsi endormir la méfiance des conservateurs. L'annonce reçoit un accueil plus que réservé, au grand désarroi de l'orateur. (Il en verra bien d'autres.) Son projet conciliaire choque jusqu'au très progressiste cardinal Lercaro : « Comment ose-t-il convoquer le premier concile depuis un siècle trois mois seulement après avoir été élu ? » En privé, le porte-parole des catholiques libéraux d'Italie mâche encore moins ses mots : le nouveau pape est « imprudent et impulsif », dépourvu d'expérience et de culture. Même Montini est sceptique : « Ce saint vieillard, confie-t-il à un ami, ne réalise pas dans quel guêpier il s'est fourré. »

Les seuls indices sur la nature du concile ont été insérés à la toute fin du discours. Sur un ton plus naturel, Jean a déclaré que le concile servirait à l'édification des chrétiens et qu'il voulait « inviter en toute amitié nos frères des Églises chrétiennes séparées à partager avec nous le banquet de la grâce et de la fraternité auquel tant d'âmes aspirent en ce monde ». Dans la version officielle qui paraît peu après, il n'est plus question d'amitié, les autres chrétiens ne sont pas des frères, mais les « membres des communautés séparées », et ils ne sont pas invités à partager un banquet, mais simplement à « nous suivre docilement dans cette recherche de l'unité et de la grâce ». Infaillible ou pas, le pape ne peut pas mélanger le bon grain catholique et l'ivraie hérétique, encore moins appeler « Église » ces misérables sectes.

Jean n'aime pas le «nous» de majesté et retourne souvent au «je» dans ses conversations. Il passe aussi pas mal
de temps à relever les visiteurs qui se jettent à ses pieds.
«Notre humilité souffrait beaucoup de ces génuflexions,
racontera-t-il, pince-sans-rire. Nos domestiques en faisaient trois chaque fois qu'ils entraient et encore autant en
sortant. Il a été convenu qu'ils se limiteraient à une génu-
flexion le matin et une autre le soir.» Depuis Pie V, le protocole vaticanais exige que le pape prenne tous ses repas
seul. Jean tient une semaine, puis invite Capovilla à lui faire
la conversation. Le cercle des convives ne cessera de s'élar-
gir, car Jean n'aime pas non plus manger en tête-à-tête avec
Capovilla : «Il a un appétit d'oiseau.» Il prétend avoir
trouvé un truc infaillible pour maigrir : il se place à côté du
très massif cardinal Gaetano Cicognani et se sent aussitôt
mince comme un fil. Un jour, en passant dans un couloir,
il entrevoit sa silhouette dans un miroir et pouffe de rire :
«Seigneur, cet homme n'est pas montrable à la télé!» La
vie au Vatican commence à ressembler à une comédie à
l'italienne. La presse internationale se fait l'écho d'une
multitude d'anecdotes drôles ou touchantes qui ravissent
l'opinion. Les catholiques, eux, se demandent pourquoi ils
ont supporté si longtemps des papes sans humour qui faisaient de la vie spirituelle une forme d'oppression.

Les conservateurs n'auraient aucune objection à la
popularité du pape s'il s'en tenait à faire des bons mots. Le

problème, c'est qu'il alimente aussi les espoirs les plus fous sur l'issue du prochain concile. Ses deux autres projets n'ont pas eu d'écho dans l'opinion, mais le concile suscite, de l'avis des conservateurs, toutes sortes de spéculations irresponsables et d'attentes auxquelles l'Église ne saurait répondre ici-bas. Même le mot œcuménique est interprété à tort et à travers. Dans le vocabulaire catholique, il désigne une assemblée épiscopale universelle, c'est-à-dire mondiale plutôt que nationale ou régionale. Or, la presse l'emploie à la mode protestante, comme s'il s'agissait d'un événement destiné à rapprocher les confessions chrétiennes. Si seulement le pape voulait bien clarifier sa pensée… mais non ! Le peu qu'il a laissé échapper (sûrement sans malice) pourrait même laisser croire que son concile sera œcuménique au sens protestant du terme. De plus en plus nerveux, les conservateurs misent à fond sur leur arme favorite : la procédure. Contrôlez l'ordre du jour, et vous contrôlez le débat.

Au commencement de tout concile, il y a une consultation générale des évêques sur le menu des discussions. Les partisans de l'autocratie pontificale redoutent comme la peste les propositions qui peuvent en sortir. En principe, les pères conciliaires devraient pouvoir débattre de tout ce qui leur chante, mais ils sont si nombreux que le chaos est inévitable s'ils improvisent leur ordre du jour. Ils seront des milliers à faire le voyage, et qui sait combien soumettront des propositions ? Comment traiter cette avalanche de recommandations, en éliminer les contradictions, les aberrations, les questions relevant d'une autre instance ? Sauf à éterniser le concile, il faut bien que quelqu'un trie et organise cette masse d'idées. Pour la curie, c'est pain bénit. Elle ne craint pas d'être inondée de suggestions loufoques, mais bien d'être débordée par les pères conciliaires. Convoquer un concile, c'est ressusciter le dragon du parlementarisme que les papes avaient eu tant de mal à écraser : rien ne dit qu'il ne recommencera pas à terroriser la bureaucratie pontificale — laquelle se prend, comme toute bureaucratie qui se respecte, pour l'âme immortelle de son entreprise. Les autres participants, y compris le chef suprême, ne sont que des nuisances passagères.

Les réflexes collégiaux de Jean, sa soif de collaboration, si rare chez un pape contemporain, ont donné à beaucoup d'observateurs la désagréable impression que le « saint vieillard » avait abandonné à d'autres le gouvernement de l'Église. « Tardini règne, Ottaviani [le grand inquisiteur] gouverne, Jean bénit », chuchotait-on. De fait, l'autoritarisme de ses fonctionnaires lui arrachera ce cri du cœur : « Je ne suis que le pape ici. » Il nomme quand même Tardini à la tête de la commission antépréparatoire qui dépouille les propositions épiscopales. Tardini recrute un docteur en droit canon, Pericle Felici, et se met au travail avec l'aide du grand inquisiteur. Ottaviani trouve le pape

naïf, trop indulgent avec les communistes. (C'est lui qui a
fait blâmer le patriarche Roncalli pour avoir souhaité la
bienvenue aux socialistes à Venise.) Il est vieux, malade, à
moitié aveugle et incapable de tolérer la moindre opposition. Quant à Tardini, c'est « un pédant, un maître d'école
sec, presque aigre » dont la bouche « n'exprime aucune
chaleur », pour reprendre la description de Bernard Wall,
un observateur anglais plutôt pessimiste : « Dans un élan
de bienveillance universelle, le pape avait conçu un grand
projet de réunification, mais il n'a pas suffisamment pesé
les difficultés [...] et, bien sûr, il a sous-estimé la bureaucratie vaticane. » Il n'est pas le seul à penser que Jean s'est
fourvoyé.

Ottaviani ne rate pas une occasion d'affirmer la suprématie de « sa » congrégation : la police doctrinale jadis connue sous le nom d'Inquisition romaine, mais rebaptisée
Saint-Office. À la commission antépréparatoire succèdent
des commissions préparatoires. Dirigées par des hauts
fonctionnaires de la curie, elles sont censées synthétiser les
propositions épiscopales. Leurs *schemata* serviront de base
aux discussions conciliaires. Tardini et Ottaviani les peu-
plent de conservateurs tirés des lugubres facultés de théologie italiennes et ralentissent leurs travaux autant que
faire se peut pour empêcher qu'y soient prises en considération des idées « étrangères ». Pendant des mois, Jean
laisse faire. Le synode du diocèse romain — le premier de

l'histoire — ne fait pas la moindre vaguelette. Les *intran-sigenti* commencent à respirer.

Le 30 juillet 1961, Tardini est foudroyé par une crise cardiaque. Jean le remplace par Amleto Cicognani, frère cadet du massif Gaetano, un homme moins marqué à droite et moins proche d'Ottaviani. Le vieil inquisiteur reprend le flambeau conservateur. Affirmant la suprématie de « sa » commission centrale sur toutes les autres, il revendique le droit de contrôler leurs travaux et leur fait produire une série de schémas condamnant la modernité, proclamant la virginité de Marie, confirmant la distinction essentielle entre les prêtres et les autres baptisés, blâmant ceux qui osent faire allusion aux péchés de l'Église et proposant une nouvelle profession de foi calquée sur le serment antimoderniste de Pie X, quelques restrictions en plus. Bref, il ressort le morne menu qu'il avait contribué à élaborer pour Pie XII. Jean continue à le traiter comme un vieil oncle un peu rébarbatif, mais adorable.

D'autres voix commencent toutefois à se faire entendre. Au sein de la commission centrale, une petite bande de Néerlandais, d'Autrichiens et d'Allemands emmenée par Bernard Alfrink, cardinal d'Utrecht, fait barrage aux manœuvres ottavianesques. Le grand inquisiteur est tout déconcerté par cette opposition inhabituelle. Pire, Jean commence à prêter l'oreille à des prélats n'appartenant pas à la curie : Léon-Joseph Suenens, cardinal de Malines-

Bruxelles, Alfred Bengsch de Berlin, ses vieux amis Wyszynski de Varsovie et Montini de Milan. Ces conseillers officieux lui rapportent la rumeur du monde et l'aident à formuler les objectifs qu'il n'a pas encore exprimés. Le concile méditera, non sur l'institution ecclésiastique, mais sur l'Église en tant que mystère progressivement dévoilé et essentiel au salut de l'humanité; après ce retour aux sources, l'Église devra prendre acte des problèmes du monde moderne. Les évêques appelés à cette tâche ne forment pas une aristocratie de type médiéval. Ils ne sont que les porte-parole de leurs fidèles (souvent affligés). «C'est toute l'Église qui s'exprime au concile, explique Montini dans sa missive aux Milanais *Pensiamo al Concilio*, et l'Église, c'est nous tous.» On croirait lire Congar, le plus illustre des théologiens français, un homme que Pie XII avait réduit au silence. Il est vrai que les *intransigenti* ne trouvent rien de plus affreux à dire de Montini que: c'est un francophile.

L'émergence d'un bloc capable d'extirper l'Église des ornières curiales permet au pape de prendre parti plus franchement. La commission biblique piétine, s'acharne à condamner les biblistes qui traitent les Saintes Écritures non comme un texte révélé, mais comme un assemblage d'œuvres produites à des époques différentes par des cultures différentes selon des conventions littéraires différentes. Pour débloquer la situation, Jean adresse à son secrétaire d'État l'un des messages les plus secs qu'il ait jamais écrits : « Il est grand temps d'en finir avec ces inepties. Ou bien la commission biblique s'active et présente au Saint-Père des recommandations répondant aux besoins de notre époque, ou bien on devra songer à l'abolir. » Il en fallait beaucoup pour énerver Jean, mais il pouvait s'énerver. On était à la fin de mai 1962, le concile allait s'ouvrir dans moins de cinq mois. En juillet, Jean passera à l'action, remplacera le secrétaire de la commission et lui adjoindra des conseillers « étrangers » : des biblistes réputés de France et d'Allemagne.

En juin, il tire sa règle et mesure l'épaisseur d'un schéma : « Quinze centimètres de condamnations, trois de louanges. Est-ce ainsi qu'on s'adresse au monde moderne ? » Montini est dépêché à la dernière réunion de la commission centrale pour expliquer que les anathèmes et autres fulminations ne mènent nulle part, que les erreurs modernes se condamnent d'elles-mêmes et que le langage chrétien de l'amour et de la charité suffit largement pour se faire entendre du monde. Soudain, le sol se dérobe sous les pieds des conservateurs. Le concile commence dans quelques mois, il n'est plus temps de préparer une contre-offensive. Jean s'est dévoilé trop tard. « Puisse Dieu me faire mourir avant la fin du concile, éructe Ottaviani au terme de l'admonition. Ainsi, je mourrai catholique. »

En fait, Jean travaillait depuis 1960 à contrecarrer les plans d'Ottaviani. Sa première opération de contournement a démarré avec la création d'un secrétariat pour l'unité chrétienne. À sa tête, il a placé le brillant directeur du Biblicum, le principal institut de recherche catholique sur la Bible. Frêle, voûté, Augustin Bea a six mois de plus que lui. Sa discrétion et son flair de jésuite lui ont permis d'échapper aux anathèmes que le Vatican lançait régulière-ment contre les biblistes de son calibre. Il a été le confes-seur de Pie XII, ce qui lui confère une mesure d'immunité contre le venin conservateur : les imprécateurs impénitents du clan intransigeant ne voient pas comment ils pour-raient l'accuser de comploter avec les gauchistes roncal-liens pour ruiner l'œuvre du pape qui avait foi en lui au point de lui confier le salut de son âme.

Le nouveau cardinal s'est d'abord occupé d'enseigner au pape l'étiquette œcuménique dont la Rome pontificale ignorait presque tout. Jean a cessé d'évoquer le « retour » des autres chrétiens au bercail catholique comme s'ils étaient des brebis égarées. Il disait déjà très volontiers que « les hommes sont tous frères » et aimait à se présenter comme « votre frère Joseph », en particulier à ses visiteurs juifs, car ils saisissaient sur-le-champ l'allusion à l'Ancien Testament. Bea l'a encouragé à persévérer. S'agissant des autres chrétiens, les termes « schismatique », « hérétique » et « dissident » ont été bannis au profit d'un euphémisme : nos frères séparés. Ordre a été donné de toujours l'em-ployer avec douceur.

Bea a ensuite entrepris une tournée qui aurait épuisé même un jeune homme afin de sonder les reins et les cœurs des prélats protestants et orthodoxes. La compagnie aérienne British European Airways menait alors une vaste campagne de publicité autour du slogan : « See the world with BEA » (Découvrez le monde avec BEA) : coïncidence qui a exaspéré la rogne des suppôts d'Ottaviani contre cet homme prêt à fraterniser avec tous ceux qui « portent au front le nom du Christ et dans l'âme son vrai visage depuis que le baptême les y a gravés de façon indélébile » — qu'ils soient bons catholiques ou non. Leur irritation a tourné à la consternation quand ils ont découvert le but secret de tous ces voyages.

Le 2 décembre 1960, le pape reçoit Geoffrey Fisher, archevêque de Canterbury et primat de l'Église d'Angleterre : du jamais vu depuis la rupture entre anglicans et catholiques. Bientôt, les délégations les plus diverses affluent au Vatican — baptistes, presbytériens, luthériens, orthodoxes… Le dernier de ces visiteurs, et le plus inconcevable, est Shizuka Matsubara, supérieur du temple shintoïste de Kyoto. Jean, que ces contacts enchantent, lui fait un accueil enthousiaste : « Le pape est toujours heureux de communier avec les âmes honnêtes et droites, où qu'elles soient, à quelque nation qu'elles appartiennent, dans le respect, la compréhension et la paix. » Il est ébloui par la « précieuse tunique écarlate » que lui offrent les shintoïstes.

Les leaders de la société civile suivront l'exemple des dignitaires religieux. Pie XII avait reçu dix chefs d'État en presque 20 ans. Jean XXIII en rencontrera 34 en moins de cinq. Le protocole ne résistait pas à sa spontanéité. Avant l'audience avec Jacqueline Bouvier Kennedy, on lui suggéra de l'appeler « madame Kennedy » ou « madame » puisqu'ils s'entretiendraient en français. En voyant entrer la ravissante jeune femme, il ouvrit les bras et s'exclama : « Jackie ! »

À la fin de 1961, le doute n'est plus permis : Jean veut voir des représentants des autres confessions au concile. Il a créé un précédent en dépêchant la première délégation catholique de l'histoire à l'assemblée générale du Conseil mondial des Églises, à New Delhi. Diffusée le jour de Noël 1961, la convocation au deuxième concile du Vatican comporte une invitation œcuménique à tous les chrétiens et donne à l'auguste assemblée la mission d'interpréter les signes des temps, comme le demande Jésus dans l'évangile selon Matthieu, et de servir les hommes : rien de nouveau sur le fond, mais quel changement dans la forme !

Les catholiques réagissent à l'annonce du concile — et au protagonisme de Bea — par une avalanche de propositions réformatrices : de quoi paniquer les *intransigenti*, s'ils daignaient sortir la tête de leur cocon romain, car ils ne tolèrent le changement qu'en doses homéopathiques, si possible séculaires. Cette soif de réforme s'exprime de façon vibrante dans un livre d'un jeune théologien suisse qui enseigne à Tübingen, en Allemagne : Hans Küng. On s'arrache son *Concile et retour à l'unité* dans les pays anglophones et germanophones, de même qu'en France et aux Pays-Bas. (La traduction italienne ne paraîtra qu'en 1965, cinq ans après l'original.) Que dit-il ? Que l'Église catholique est en évolution perpétuelle, comme le veut, du reste, sa propre maxime : *ecclesia semper reformanda*. Il appartient au concile d'en prendre acte. Si l'Église reconnaît la validité des revendications protestantes — liturgie en langue vernaculaire, primat de la Bible, association des fidèles à la mission pastorale, fin des immixtions pontificales dans la politique séculière — et qu'elle amorce un dialogue sincère avec les autres confessions, si elle réforme la curie et se débarrasse de quelques scories comme l'Index, la réunification devient possible. Küng compte sur le pape pour arracher la chrétienté au profond sommeil qui l'empêche de voir le scandale de sa division, cette « blessure paralysante qui doit absolument être refermée ».

Porté jusque dans les hautes sphères de l'Église par des hommes comme les cardinaux Achille Liénart, archevêque de Lille, et Franz König, le très érudit archevêque de Vienne et préfacier de la version allemande, l'appel de Küng imprégnera les débats et décisions conciliaires. Jean n'a pas été le moteur de sa révolution, mais par son attitude et certaines initiatives publiques, notamment ses nominations, il a mobilisé les catholiques et les a encouragés à parler et à écrire plus librement que jamais depuis des siècles.

Après avoir tendu la main au monde moderne et aux autres chrétiens, Jean a tourné son regard vers l'est du continent européen. Pouvait-on ouvrir une brèche dans le bloc communiste ? De cette question — de cette espérance, plutôt — est née sa seconde initiative extracuriale. Vu sa complexité diplomatique, elle ne pouvait être menée au grand jour ni dirigée par un homme comme Bea. L'anticommunisme viscéral de Pie XII était gravé dans toutes les mémoires. On risquait gros en Italie quand on appuyait les rouges. Ottaviani s'en vantait, d'ailleurs : « Dites ce qui vous plaît sur la divinité du Christ, mais si vous votez communiste, même au fin fond de la Sicile, vous serez excommunié le lendemain. » Un changement de cap brutal aurait troublé les catholiques et ridiculisé le Saint-Siège. Jean n'éprouvait aucune attirance pour le communisme, mais il voulait que l'Église traite ces brebis perdues comme le Christ l'aurait fait. Et puis, l'assemblée conciliaire ne serait pas complète sans la participation des évêques catholiques d'Europe de l'Est ; or, les États communistes avaient la fâcheuse manie d'interdire les voyages à l'Ouest. Enfin, Jean avait besoin des Églises orthodoxes pour compléter la participation non catholique au concile. Peut-être pourrait-il faire d'une pierre deux coups.

Jean entame cette partie par une ouverture italienne. Aldo Moro, chef du parti chrétien-démocrate, est en train de négocier l'entrée des socialistes au gouvernement. Il a besoin d'alliés pour constituer une majorité parlementaire stable; s'il ne peut pas associer la gauche modérée à son gouvernement, il devra se rabattre sur les fascistes déguisés du Movimiento Sociale. Sous Pie XI, l'opposition du Vatican au pacte entre le parti populaire catholique et les socialistes — qui passaient pour des communistes déguisés — avait ouvert la voie à la dictature fasciste, mais beaucoup, au sein de l'Église italienne, verraient quand même d'un très bon œil une réédition de ce veto. Les cardinaux de droite comme Siri, le tribun que les conservateurs voulaient faire élire au dernier conclave, sont très proches de la Confindustria, une association de grands capitaines d'industrie qui a toujours eu un faible pour le fascisme. L'ouverture à gauche de Moro enrage les médias conservateurs. La plupart des journaux diocésains le traitent de traître et d'hérétique; celui de Vérone l'expédie carrément en enfer. Un seul journal catholique fait comme si de rien n'était. Le silence de l'*Osservatore Romano* en dit long aux observateurs avertis: les temps changent. Ce pape-ci soutient l'*apertura a sinistra*!

Jean publie ensuite l'une des deux pièces maîtresses de son héritage: l'encyclique *Mater et Magistra* (mère et éducatrice). Il y décrit les rapports de l'Église non seulement avec les catholiques et les chrétiens, mais avec tous les êtres humains dans une perspective qui doit beaucoup aux travaux de Teilhard de Chardin, le prêtre-paléontologue bâillonné par Pie XII. L'humanité, explique-t-il, est sortie de la barbarie — l'état qu'il avait comparé dans un sermon de 1944 à un village de l'âge de fer dont les habitants vivent terrés derrière les murs de leurs maisons — parce qu'elle a pris conscience de la nécessaire interdépendance de tous ses membres. Cette progression, il l'appelle « socialisation », comme Teilhard. (La ressemblance avec « socialisme » scandalisera les anticommunistes primaires.) Il en veut pour preuve la naissance de l'État-providence, système qui procure aux démunis, au nom du bien commun, une gamme de services dépassant largement les ressources de la charité individuelle. « La socialisation, note-t-il, est à la fois cause et effet d'une intervention croissante des pouvoirs publics, même dans les domaines les plus délicats : soins médicaux, instruction et éducation des générations nouvelles, orientation professionnelle, réadaptation des sujets diminués. »

Siri est hors de lui : l'encyclique contredit de manière flagrante les diatribes de son cher Pie XII contre le monstre étatique et la socialisation à outrance. Aux États-Unis, la *National Review* de l'archiconservateur William F. Buckley réplique : « Mater, sì. Magistra, no ! » Les partisans du capitalisme sans entraves ne reconnaissent pas à leur sainte

mère l'Église le droit de leur donner des leçons sur l'organisation sociale. Toujours attentif à celles de l'histoire, Jean
a tiré les deux mots d'une adresse d'Innocent III au quatrième concile du Latran, en 1215. Innocent ayant été le plus
triomphaliste des successeurs de Pierre, le choix ne manque pas d'ironie, mais Jean rattache ainsi son encyclique au
concile qui a réalisé la plus importante réforme du Moyen
Âge. À l'instar des *Cosmati*, marbriers médiévaux qui cou-
vrirent le sol des églises romaines d'admirables mosaïques
polychromes en recyclant les débris des monuments antiques, il récupérait volontiers des fragments d'histoire
pour dessiner des motifs originaux dans l'esprit du temps
présent.

Ayant exprimé la philosophie politique de son pontificat, Jean s'applique ensuite à la faire respecter. « Les
évêques se trouvent davantage exposés à la tentation de
s'engager au-delà de la mesure du raisonnable, note-t-il
dans son journal, et ils ont d'autant besoin d'être invités
par le pape à s'abstenir de prendre part à une action politique ou à une controverse quelconque et de se déclarer
pour l'une ou l'autre fraction ou faction. [Qu'ils prêchent]
à tous également, et d'une manière générale, la justice, la
charité, l'humilité, la mansuétude, la douceur et les autres
vertus de l'Évangile. » Exhortation que certains prélats pro-
lixes pourraient méditer avec profit (le leur et le nôtre).
Jean attend des évêques qu'ils appliquent le baume de la

douceur aux blessures de l'humanité et qu'ils s'abstiennent de tout jugement téméraire, de toute parole insultante. Le message est clair : le pape veut un désengagement politique total, non des laïques, mais des clercs.

Le 11 avril 1961, il reçoit Amintore Fanfani, premier ministre d'Italie, à l'occasion du 100ᵉ anniversaire de l'unification italienne, « cause de grande joie pour l'Italie et pour nous tous de part et d'autre du Tibre ». Le fleuve qui traverse Rome sépare en effet le Vatican du centre-ville où loge le gouvernement. L'Église et l'État, poursuit le pape, sont deux organismes différents par leurs structures, leurs natures et leurs buts, qui doivent entretenir des relations courtoises et respectueuses, mais empreintes d'une certaine réserve. Dans le langage subtil de la diplomatie pontificale, Jean vient de mettre fin à cent ans de guerre : entre l'Église et l'État, il y a une différence, mais il n'y a pas de conflit. Le pape au Vatican, le président au Quirinal (ancien palais pontifical devenu résidence officielle du chef de l'État italien), dira-t-il un an plus tard au président Antonio Segni. Qui allait encore se battre quand le pape lui-même refusait non seulement le pouvoir, mais même une quelconque influence sur la politique séculière ?

Le cardinal Siri n'est pas content du tout, et il s'obstine à attaquer Moro. Jean, qui apprécie de plus en plus le chef chrétien-démocrate, juge essentiel que l'épiscopat tienne un discours cohérent. Puisque Siri ne veut pas se taire, il va falloir le museler. Ce n'est pas comme archevêque de Gênes qu'il s'exprime le plus souvent, mais comme président de la conférence des évêques d'Italie, poste qu'il occupe par la grâce du souverain pontife. Privé de cette tribune, Siri se vengera en accusant Jean XXIII d'avoir fomenté le plus grand désastre de l'histoire ecclésiastique depuis la fin du Grand Schisme d'Occident et le pontificat Borgia. L'éminent historien britannique E. E. Y. Hales porte un tout autre jugement : Jean, écrit-il, échappa aussi bien au travers des papes de la Renaissance, qui faisaient de la politique pour conforter leur position en Italie, qu'à celui des papes du Moyen Âge, qui s'en mêlaient pour consolider leur ascendant en Europe. Des années après la mort de Jean, Siri finira par en convenir.

Ayant forcé son Église à évacuer le terrain politique italien, Jean fait une première ouverture à l'Union soviétique. En juillet 1961, il envoie un message à Pax Christi, l'association internationale des catholiques pour la paix que son prédécesseur n'aurait jamais daigné saluer. Après avoir exprimé sa compassion pour tous les parents hantés par la crainte d'un conflit mondial qui broierait leurs enfants, il réitère sa volonté d'être un homme de paix au sens le plus profond, en mettant l'accent sur ce qui unit et en cheminant le plus longtemps possible avec tous et chacun. C'est un appel discret à Nikita Khrouchtchev. Un mois plus tard, la construction du mur de Berlin sépare physiquement le

monde dit libre du bloc communiste. Le signe n'est pas
encourageant.

Jean ne se laisse pas démonter. En septembre, il adresse
aux pays non alignés réunis à Belgrade une missive rappe-
lant à leurs gouvernements « la terrible responsabilité qu'ils
portent devant l'histoire et, ce qui compte davantage,
devant le jugement de Dieu » : celle de préserver la paix
mondiale. À peine plus d'une semaine après, la *Pravda*
publie une entrevue de Khrouchtchev qui laisse le monde
bouche bée. Le chef soviétique y prononce le nom d'un
pape ! « Jean XXIII paie tribut à la raison, déclare-t-il. Non
que nous craignions le jugement d'un Dieu auquel je ne
crois pas, mais nous accueillons favorablement tous les
appels à la négociation d'où qu'ils viennent. » Le secrétaire
du parti communiste soviétique exprime aussi l'espoir que
les catholiques fervents comme John F. Kennedy et Konrad
Adenauer entendront l'avertissement du pape. Les catholiques enragés comme Siri et Buckley prennent le mors aux
dents, mais contrairement à ce qu'ils s'imaginent, le pape
ne gobe pas la rhétorique communiste : il s'en sert pour
arriver à ses fins.

Jean demande ensuite à son ami et éditeur, le prêtre
Giuseppe De Luca, de rencontrer secrètement Palmiro
Togliatti, secrétaire du parti communiste italien. L'énigmatique et subtil De Luca est un proche d'Ottaviani. Qui
pourrait le soupçonner d'une pareille démarche ? Togliatti

va bientôt partir pour Moscou ; on voudrait qu'il porte à Khrouchtchev un message du pape. Le pontife aimerait entretenir des relations plus régulières avec le Kremlin. Si cela convient à monsieur Khrouchtchev, qu'il adresse ses vœux au Saint-Père pour son 80ᵉ anniversaire, en novembre. On reste pantois devant tant d'audace. Si la chose avait transpiré, Jean aurait perdu toute autorité au sein et au dehors de son Église. L'explication se trouve dans une phrase de son journal : « Je me sens obéissant en toutes choses, et cette façon de me conduire, dans les grandes choses et dans les petites, confère à ma petitesse une force de courageuse simplicité. »

Le 25 novembre 1961, l'ambassadeur soviétique en Italie remet un télégramme de son premier ministre à son homologue vaticanais, qui le transmet aussitôt au Saint-Siège. Un signe de la Providence, s'exclame le destinataire qui renvoie aussitôt « à tout le peuple russe des vœux cordiaux pour la croissance et l'établissement de la paix universelle par l'heureux accord de la fraternité humaine ». Le secrétariat d'État est chargé de diffuser publiquement les remerciements du pape aux fonctionnaires du Vatican qui lui ont adressé des félicitations : « Nous avons reçu des salutations d'origines si diverses que nous nous sentons fondés à donner une affectueuse accolade aux enfants bien-aimés de l'Église catholique et à la famille humaine tout entière. » Le pape n'est plus le père des seuls catholiques. Il prend en charge toute l'humanité, y compris les vilains garnements communistes. « Le monde est ma famille », note-t-il dans son journal.

La glace a beau être rompue, le Vatican et le Kremlin n'entretiennent pas encore de relations diplomatiques. Pour inviter les évêques d'Europe orientale au concile, Jean doit passer par des voies détournées. Francesco Ladrone, le visiteur apostolique à Istanbul, est convoqué à Rome pour un petit entretien dans les jardins du Vatican, à l'abri des oreilles indiscrètes. Jean a pu apprécier pendant son séjour là-bas les facilités qu'offre la ville pour la diplomatie occulte. À son retour en Turquie, Ladrone va voir Nikita Ryjov ; l'aimable ambassadeur soviétique transmet la requête papale à ses chefs. Quelques jours après, Jean est informé que, s'il invite les évêques catholiques d'URSS par l'entremise de la diplomatie soviétique, ils seront autorisés à se rendre à Rome. Ladrone s'adresse ensuite aux ambassadeurs des autres pays d'Europe de l'Est ; le précédent soviétique aplanit toutes les difficultés. Pari gagné.

Reste à obtenir la même autorisation pour les prélats orthodoxes des pays communistes. La nature même du concile en dépend : le patriarche de Constantinople ne se permettra pas d'y envoyer des observateurs si l'Église russe, de loin la plus importante, n'est pas représentée. Point d'orthodoxes russes, point de concile œcuménique ! Hélas, les obstacles sont à la mesure de l'enjeu. Jean a beau multiplier les démarches secrètes, les réactions demeurent obstinément négatives.

Au travers de ces péripéties diplomatiques, le pasteur trouve le temps de paître son troupeau. Ses soins s'adressent d'abord aux personnes. Il écrit une lettre familière à Angelo Pedrinelli, un professeur au séminaire de Bergame dont la carrière, brisée par la campagne antimoderniste, n'a jamais plus débordé les limites d'une paroisse. Son ancien collègue a appris qu'il était mourant et veut lui montrer que le pape ne l'a pas oublié. Il écrit aussi aux paroissiens de Sotto il Monte : il pense toujours à eux, aimerait bien les revoir, mais se console de cette séparation en contemplant des photos de leurs si belles collines. Aux prêtres qui vont prêcher le carême dans les paroisses romaines, et dont la propension aux sermons dantesques est bien connue, il rappelle : « Vous êtes censés donner du courage à vos frères [selon l'injonction de Jésus à Pierre], non les terroriser. »

Il pense beaucoup à ceux qu'on appelle « ex-prêtres » même si la théologie catholique tient l'ordination pour irrévocable. Ils sont considérés comme des traîtres, des pestiférés ; Jean voudrait qu'ils soient traités « avec humanité et décence ». Dans les décrets du synode romain, il a invité les prêtres à tendre la main à leurs collègues défroqués, à les aider matériellement au besoin. Il sait bien ce qui a fait trébucher la plupart d'entre eux : le célibat.

Durant le synode, il a avoué que rien ne le faisait plus souffrir que « les gémissements des âmes de prêtres qui montent vers moi non seulement de Rome, mais de partout dans le monde ». Pourtant, il ne changera pas la règle. Il ne se sentait pas en droit de modifier une tradition si ancienne, un mode de vie dans lequel il voyait le sceau d'un authentique héroïsme. Pensait-il qu'un concile avait cette latitude ?

La séance inaugurale est prévue pour le 11 octobre 1962. Malgré les pressions pontificales, seulement sept des 70 schémas en chantier ont pu être soumis aux évêques durant l'été : les récalcitrantes commissions préparatoires ont bloqué la diffusion des autres sous prétexte qu'ils n'étaient pas assez avancés. Jean est tellement irrité par leurs tactiques dilatoires que, quand un journaliste lui demande combien de gens travaillent au Vatican, il grommelle : « À peu près la moitié. »

Son état de santé lui donne également du souci. Pour en avoir le cœur net, il se soumet à divers examens. Le 23 septembre, le diagnostic tombe : comme ses sœurs Ancilla et Maria, il est atteint d'un cancer de l'estomac inopérable. Il n'a pas un an à vivre. Pendant l'été, il avait confié au cardinal Suenens qu'il s'attendait à souffrir pendant le concile — sort enviable pour tout chrétien sincère puisqu'il participe ainsi des souffrances du Christ. Anticipait-il le verdict des médecins ? Il lui reste donc quelques mois, avec la douleur pour compagne inséparable. Le concile ne pourra pas boucler ses travaux en moins de deux sessions — il lui en faudra quatre — et les évêques devront passer du temps dans leurs diocèses pour s'acquitter de leurs tâches administratives : Jean n'a donc aucune chance de voir la conclusion du grand projet de sa vie.

Rien de tout cela n'entame la sérénité qui grandit en force et en grâce dans son âme depuis qu'il a découvert la prière de saint Bernard de Clairvaux dans le petit bureau du curé de Sotto il Monte. Le monde continue de tourner après notre mort, et l'avenir appartient à Dieu ; à quoi bon se tracasser ? « J'attends la venue de ma sœur la Mort, écrit-il dans son testament, empruntant au langage de saint François d'Assise. Je l'accueillerai avec simplicité et joie quelles que soient les circonstances dans lesquelles Dieu me l'envoie. » Après avoir appris qu'il était condamné, il a descendu le long escalier menant à la crypte de Saint-Pierre pour prier sur les tombes de ses prédécesseurs et leur annoncer qu'il serait bientôt parmi eux.

Jean ne se considère pas seulement comme le père de l'humanité, mais aussi comme sa mère, parfois même comme les deux à la fois. Le discours livré à la radio juste avant l'ouverture du concile exprime ses espoirs parentaux : « De tous les peuples, nous attendons le secours de l'intelligence et de l'expérience pour cicatriser les blessures des deux guerres mondiales qui ont si profondément changé la face de nos pays. » Tous les pères et toutes les mères haïssent la guerre. Aussi « l'Église, mère de tous les hommes sans exception, répétera une fois de plus l'appel de Bethléem qui résonne du fond des âges : *pacem in terris*, paix sur la terre ». Plus la fin approche, plus il se représente Dieu sous les traits d'une mère et le croyant, comme l'enfant paisiblement endormi contre son sein, selon la belle image du psaume 131. Il repose, confiant, *in Domino, et in sinu Matris Jesu, et matris mei dulcissimae* (en Dieu et sur le sein de la mère de Jésus, qui est aussi ma très douce mère).

Il fait un dernier pèlerinage pour demander publiquement à Dieu de bénir le concile et solliciter en privé la grâce divine à l'approche de sa mort. À 6 h 30, le 4 octobre 1962, fête de saint François, il monte à bord du train présidentiel qui l'attend à l'extravagante petite gare du Vatican. C'est le premier déplacement d'un pape hors de Rome depuis 1870. Le train monte vers le nord jusqu'à Assise, lieu de naissance du *Poverello* qui est le saint patron de l'Italie. Là, Jean rappelle à son Église son devoir de pauvreté : la paix sur la terre n'est possible que si nous partageons « les bonnes et belles choses que la Providence a placées en ce monde ». Il poursuit sa route vers le nord-est jusqu'au village de Loreto, au sud d'Ancône, où se trouve un sanctuaire marial qu'il a visité pour la première fois 60 ans plus tôt. À Assise, il pensait au concile ; à Lorette, dans le lieu saint qui marque les bornes temporelles de sa vie publique, il pense surtout à lui, mais ne néglige pas son troupeau. Ses auditeurs sont invités à méditer l'union de la terre et du ciel proclamée dans l'Angelus, la prière du midi qui rappelle l'annonce faite à Marie ; union qui est aussi le but ultime du concile. Ainsi insère-t-il le concile et sa mort prochaine dans le vaste tableau de l'Incarnation et de la Rédemption.

Hommes politiques, journalistes et simples citoyens sont venus en foule profiter du beau temps et du spectacle inusité d'un pape en voyage. Dans la petite ville d'Assise, un visiteur qui n'est pas là pour ça renonce à se frayer un chemin dans la masse grouillante, retourne à son hôtel et tue le temps en lisant l'évangile selon saint Matthieu. Il s'appelle Pier Paolo Pasolini. Il est un poète accompli, un cinéaste célèbre, un communiste notoire, un homosexuel avoué et un anticlérical cynique. De cette lecture forcée, il tirera *Il Vangelo secondo Matteo*, son film le plus achevé et ce que le cinéma a produit de mieux sur la vie de Jésus. Son génie excentrique s'y déploie de bout en bout, nulle part plus brillamment que dans la direction des paysans calabrais au regard hanté qui font revivre cette histoire vieille de 2000 ans. Pasolini a dédié son film *alla cara, lieta, familiare memoria di Giovanni XXIII*, à la mémoire chérie, réjouie et familière de Jean XXIII. La singularité de son *Évangile selon saint Matthieu* n'a d'égale, dans l'art italien, que celle du *Requiem* composé par Verdi en 1874 et dédié à Manzoni, le romancier favori de Roncalli. Pasolini et Verdi avaient renié la foi, la morale, l'ordre établi et les conventions artistiques de leur époque. Leurs œuvres d'inspiration religieuse sont un merveilleux écart de conduite en hommage à un croyant qui participait de leur radicalisme à sa manière. Malgré les 90 années qui les séparent, elles dépeignent admirablement l'âme italienne, profondément pieuse sous son vernis de matérialisme sceptique.

Dans la semaine précédant le concile, les évêques des cinq continents prennent d'assaut la Ville Éternelle. Jean n'attend personne de Chine (malgré ses ouvertures à la République populaire), mais espère toujours accueillir un contingent d'Europe orientale. Trois jours avant la séance inaugurale, le cardinal Wyszynski arrive en train avec 13 prélats polonais dont Karol Wojtyla, le jeune archevêque de Cracovie qui deviendra Jean-Paul II. Le lendemain, trois Hongrois et deux Yougoslaves se présentent. La veille de l'ouverture, trois Tchécoslovaques et un Lithuanien font leur apparition. La délégation est-européenne n'est pas complète — certains évêques demeurent incarcérés ou assignés à résidence — mais pour un début, c'est un coup de maître.

Le 11 octobre, Jean remonte l'allée centrale de la basilique Saint-Pierre sous les regards des 2500 évêques mitrés, patriarches voilés et abbés encapuchonnés qui occupent les gradins dressés de part et d'autre de la nef. L'auguste

assemblée entonne le *Veni Creator Spiritus* pour demander
à l'Esprit de l'éclairer. La basilique a été érigée bien avant
l'invention des médias modernes, et la liturgie est encore
plus ancienne, mais la couleur et la splendeur de la cérémonie semblent faites pour la télévision et les magazines
d'actualités. Le monde découvre avec émerveillement le
grandiose événement orchestré par le bon pape Jean. La
messe inaugurale est récitée en latin et en grec, les langues
des anciens chrétiens d'Occident et d'Orient. Enfin, Sa
Sainteté s'adresse aux évêques de sa voix chaude et grave.
« *Gaudet Mater Ecclesia* » : notre mère l'Église se réjouit de
voir ses fils réunis dans une assemblée universelle exprimant non l'uniformité, mais la diversité du véritable catholicisme. Aux angoisses névrotiques des « prophètes de
malheur », à la rage fulminante des conservateurs contre
des erreurs « qui disparaissent souvent aussi vite qu'elles
sont apparues, comme la brume au soleil », il oppose la
douceur : « Aujourd'hui, l'Épouse du Christ préfère recourir au remède de la miséricorde plutôt que de brandir les
armes de la sévérité. Elle estime que, plutôt que de condamner, elle répond mieux aux besoins de notre époque en
mettant davantage en valeur les richesses de sa doctrine. »

Le concile, annonce l'orateur, sera une célébration et
une série d'affirmations, mais il revient à ceux qui y parti-
cipent de définir ce qui y sera proclamé. Même les évêques
au latin très rouillé commencent à comprendre que le pape

n'attend pas d'eux une obéissance aveugle, mais un effort de réflexion et une sagesse collective à la hauteur des besoins les plus pressants de l'Église et du monde. Il en était ainsi aux temps primitifs. Pourtant, l'idée surprend et trouble. Ces antiques précédents, qui s'en souvient? Les évêques se croyaient exemptés de l'obligation de penser en vertu de la rassurante doctrine de l'infaillibilité pontificale, et voilà que le pape les plonge dans une aventure dont ils devront inventer toutes les péripéties! La gamme des réactions va du ravissement à la consternation en passant par l'inquiétude et, surtout, la confusion devant le tour inattendu d'un rituel en principe immuable dans la vie si bien réglée de l'Église. Le lendemain, comme pour confirmer que le changement est à l'ordre du jour, les pères conciliaires voient surgir en leur sein deux êtres si exotiques qu'on n'a jamais vu leurs pareils dans l'enceinte vaticane et presque jamais ailleurs en Occident: des observateurs officiels de l'Église orthodoxe russe. La surprise est totale, Jean n'ayant informé que quelques proches des savantes manœuvres qui trouvent là leur triomphale conclusion.

Ce soir-là, 50 000 personnes chantent et crient à tue-tête sur la place Saint-Pierre pour obtenir du vieil homme fatigué qu'il les bénisse de sa fenêtre. Comment pourrait-il résister? «Chers enfants, chers enfants, j'entends vos voix.» Jean lève un doigt vers la grosse lune suspendue au-dessus de la ville: elle nous regarde, dit-il, et elle sourit. De là-haut, la terre est une, indivisible, foyer unique de l'humanité. «Ma voix fait écho à celle du monde. Ici, il est représenté dans son entier.» Le père de l'humanité s'est converti en défenseur de la planète. Il invite ses visiteurs à rentrer chez eux et à caresser leurs enfants de sa part: «Dites-leur que c'est la *carezza del Papa*.» Beaucoup l'ont fait. Leurs enfants transmettent encore *la carezza del Papa Giovanni* à leurs fils et filles, qui en font autant quand ils deviennent parents à leur tour.

La première session n'a rien pour réjouir le cœur des réformateurs. Les conservateurs sont encore aux commandes. Ils connaissent la Rome pontificale comme le fond de leur poche; ils ont rédigé les *schemata* et fixé l'ordre des interventions, le temps de parole de chaque orateur, les règles de procédure. Le pape poursuit son petit bonhomme de chemin, assurant les observateurs non catholiques que leur présence est une «consolation» et qu'il ne prétend à aucune inspiration spéciale: «Je m'en tiens à la saine doctrine: elle enseigne que tout vient de Dieu.» Autant pour l'infaillibilité pontificale! Il a beau jurer aux journalistes que l'Église n'a rien à cacher, la plupart renoncent à couvrir un événement dont ils n'ont connaissance — n'étant pas admis dans le saint des saints — qu'au travers des résumés opaques confectionnés par une curie maladivement circonspecte. Jean ne semble pas conscient des problèmes. Il lui arrive de suivre les séances retransmises en circuit fermé, mais il n'y participe pas en personne. Pas question d'arbitrer les débats comme l'empereur Constantin! Ayant perdu l'habitude de s'exprimer librement, la plupart des pères conciliaires hésitent sur la conduite à tenir; les prélats romains en profitent pour les manipuler.

On pourrait comparer cette session à une visite chez l'optométriste: à la fin, les évêques y voyaient beaucoup plus clair qu'au début. Ottaviani et consorts espéraient convaincre une majorité d'entre eux d'approuver vite fait les documents préliminaires pour que tout le monde puisse rentrer chez soi; le concile s'achèverait ainsi sans laisser de traces, et la curie reviendrait à ses bonnes vieilles habitudes. Mais quand la session prend fin, le 8 décembre, les progressistes de Suenens et Montini ont retourné la situation. Avec l'aide discrète de Jean, intervenu en leur faveur aux moments cruciaux, ils ont obtenu la réécriture de tous les schémas. Un comité de coordination de tendance progressiste doit réviser le code de procédure, superviser la poursuite des travaux et préparer le calendrier de la session suivante. Elle s'ouvrira en septembre 1963. Sauf miracle, Jean n'y assistera pas.

Dans son discours de clôture, le dernier qu'il adresse à *son* concile, il se fait rassurant: la session qui s'achève n'est pas un échec, mais une lente et solennelle introduction. «Des frères venus de loin ont appris à se connaître. Ils avaient besoin de se regarder dans les yeux pour lire dans leurs cœurs. Il leur fallait du temps pour décrire leur expérience des multiples formes que peut prendre l'apostolat selon les circonstances.» C'est vrai: l'optimisme têtu de Jean est parfaitement justifié. Que les évêques ne se laissent pas troubler par leurs désaccords: ils ne sont que le signe de «la sainte liberté des enfants de Dieu au sein de l'Église». Hélas! l'homme qui prononce ces mots apaisants a perdu la bonne mine qu'il arborait deux mois plus tôt.

Pendant que les évêques délibéraient, Jean a rédigé sa dernière encyclique, son chef-d'œuvre. Elle lui a été inspirée par la confrontation américano-soviétique sur les missiles cubains qui a éclaté peu après l'ouverture du concile. Le monde a frôlé la catastrophe nucléaire. «L'histoire se souviendra de ce que le pape a fait pour la paix», dirait après coup Nikita Khrouchtchev à Norman Cousins, rédacteur en chef de la *Saturday Review*.

Au plus fort de la crise, le dirigeant soviétique a en effet sollicité, par plusieurs intermédiaires dont Cousins, une déclaration pontificale claire et non partisane en faveur d'une poursuite des négociations. Il espérait ainsi calmer l'ardeur de ses généraux, qui brûlaient tout autant que leurs homologues américains d'essayer leurs joujoux nucléaires, en leur montrant que l'Occident ne pouvait pas vouloir la guerre puisqu'une figure aussi emblématique que le pape s'y opposait. Jean s'est exécuté le 24 octobre à la radio du Vatican: «Nous appelons les chefs d'État à ne pas rester

sourds au cri de l'humanité : Paix ! Paix ! Qu'ils fassent tout
ce qui est en leur pouvoir pour maintenir la paix. Ils gar-
deront par là l'humanité des horreurs d'une guerre dont
nul ne peut prévoir les épouvantables effets. Qu'ils négo-
cient. Accepter de négocier à tout niveau et en tout lieu…
serait un signe de sagesse et de prudence béni dans les
cieux et sur la terre. » La cause était entendue : pour un
général soviétique, un catholique comme John F. Kennedy
ne pouvait pas contrevenir à un tel plaidoyer en faveur de
la paix, d'autant moins que son chef spirituel refusait
manifestement de prendre son parti. Simpliste ? De la part
des Soviétiques, peut-être, mais l'habile discours de Jean les
avait persuadés de sa sincérité et, partant, de l'ardent désir
de paix d'une grande partie de l'Occident, désir que Kennedy aurait été fou de méconnaître.

Deux jours après, un pape faisait pour la première fois
la une de la *Pravda*. L'énorme manchette répétait l'appel
pontifical à ne pas faire la sourde oreille au cri de l'humanité. Le 28 octobre, Khrouchtchev baissait pavillon : la paix
était sauvée. Il déclara plus tard à Cousins que pendant
plusieurs jours, le message de Jean avait été la seule lueur
d'espoir fournie par l'Occident. On peut penser que ce fut
aussi sa meilleure arme contre les va-t-en-guerre.

En échange, Jean obtint la libération de Josef Slipyi,
métropolitain catholique d'Ukraine qui croupissait dans
un camp de travail sibérien. Il l'accueillit en personne au

Vatican et l'emmena aussitôt dans sa chapelle privée pour y réciter avec lui le Magnificat, cette enivrante louange à Dieu que rapporte l'évangéliste Luc : Marie, enceinte de Jésus, y exalte le Tout-Puissant qui a « renversé les potentats de leurs trônes et élevé les humbles ». Slipyi remit au pape une carte signalant l'emplacement de chaque camp de travail soviétique : l'archipel du Goulag. Jean la conserva dévotement à son chevet jusqu'à sa mort. Trop sensible aux souffrances des victimes de la tyrannie pour se contenter de prières, il chargea aussi Agostino Casaroli (le futur secrétaire d'État de Paul VI) de faire une tournée discrète en Europe de l'Est pour planter « quelques graines ici et là » dans les failles et les lézardes des murs des prisons.

Jean reçut encore deux ressortissants de l'Union soviétique, malgré l'opposition farouche d'Ottaviani et de Cicognani : la fille de Khrouchtchev et son mari, Alexis Adjubei. Cette audience anodine l'émut profondément, car Rada Khrouchtchev, ignorant qu'il comprenait sa langue, murmura à son compagnon qu'il avait « les belles mains d'un paysan russe ». Lui qui avait tellement soupiré après la vie paisible de ses frères ! Il demanda à Rada les noms de ses enfants (qu'il connaissait déjà), car « il se passe quelque chose d'extraordinaire quand c'est la mère qui les prononce ». Il la pria aussi de leur donner une caresse de sa part, montrant un petit faible pour Ivan (Jean en russe). Il lui offrit un rosaire, non pour l'encourager à prier, mais

comme symbole de la paix domestique et en mémoire de
sa mère, qui le récitait devant l'âtre quand il était enfant.
Enfin, il proposa au couple une bénédiction : pas celle du
pape, évidemment, mais celle du vieil homme. À la sortie,
les deux visiteurs avaient le sourire aux lèvres et les larmes
aux yeux. Rada a conservé le rosaire ; elle y tient comme à
la prunelle de ses yeux. Son émotion ne réussit pas à fléchir
le secrétariat d'État, qui refusa de publier un traître mot de
l'audience. « J'ai pitié de ceux qui se sont prêtés à ces
manœuvres innommables », écrivit Jean, trop faible pour
s'y opposer efficacement.

Il choisit le Jeudi saint pour diffuser l'encyclique *Pacem
in terris*. Elle n'est pas adressée aux seuls évêques, comme
il est d'usage, mais « à tous les hommes de bonne volonté ».
Ce n'est pas son unique originalité. L'encyclique de 1963
sur la paix entre les nations est en effet écrite dans une
langue que tout le monde peut comprendre — celle de
Jean XXIII.

Le pape évoque d'abord « l'ordre admirable » de l'uni-
vers créé par Dieu, mais corrompu par le péché. L'homme
peut malgré tout y discerner les intentions divines à son
égard. Ce dessein lui prescrit d'entretenir de bons rapports
avec ses semblables. En découlent une série de droits individuels dont celui d'« honorer Dieu » en public et en privé
et de prendre « une part active à la vie publique », mais
aussi le droit des peuples à l'autodétermination, les droits

des minorités et ceux des réfugiés. Les citoyens ne sont pas tenus d'obéir aux lois injustes, car « une fois la justice mise de côté, que deviennent les empires, sinon des brigandages en grand ? » À ces droits correspondent des devoirs qui vont du respect des petits États par les grands — « par nature, tous sont d'égale noblesse » — à des obligations intimes comme la « disposition permanente à communiquer à autrui le meilleur de [soi]-même et [l']aspiration commune à un constant enrichissement spirituel » puisque « la vie en société, vénérables frères et chers fils, doit être considérée avant tout comme une réalité d'ordre spirituel ». La paix sociale repose sur « quatre piliers », la vérité, la justice, l'amour et la liberté, qui sont aussi les quatre thèmes de l'encyclique.

Quelques-uns des devoirs énumérés par Jean ont été prônés par un autre pape, mais aucun des droits qu'il mentionne n'a jamais été défendu par ses prédécesseurs. Au contraire, le mot « droit » fait l'objet d'une véritable exécration au Vatican depuis la Révolution française, même si les penseurs catholiques ont démontré depuis belle lurette que la théologie catholique est parfaitement compatible avec la philosophie des droits de la personne. Comment Jean parvient-il à inscrire sa position minoritaire dans le magistère catholique ? En la présentant comme un développement induit par une prise de conscience plus large de la dignité humaine. Il n'innove pas, il

insère l'Église dans ce courant nouveau. Quoi de plus logique, quand on y pense : n'est-elle pas la gardienne de la
dignité humaine ? Il est de son devoir de proclamer haute-
ment que « les hommes sont tous égaux en dignité naturelle ». Jean observe partout des signes de cette appréciation
nouvelle de la dignité humaine, mais s'attache à trois en
particulier : d'abord, « la promotion économique et sociale
des classes laborieuses » ; ensuite « l'entrée de la femme
dans la vie publique » et le fait qu'elle soit « de plus en plus
consciente de sa dignité humaine » ; enfin, le déclin de l'impérialisme. « Personne ne veut être soumis à des pouvoirs
politiques étrangers à sa communauté ou à son groupe
ethnique. » Au passage, il liquide aussi les thèses racistes :
« Maintenant, en effet, s'est propagée largement l'idée de
l'égalité naturelle de tous les hommes. Aussi [...] ne
trouve-t-on plus de justification aux discriminations
raciales. » Le paragraphe sur les femmes est unique dans
l'histoire pontificale par sa défense sans compromis de
leurs droits.

L'encyclique comporte aussi un superbe plaidoyer pour
la destruction des armes nucléaires. Jean argue qu'il est
impossible de mener une guerre juste avec des armes aussi
terribles et en déduit que « les relations internationales ne
peuvent se régler par la force des armes. » Il conclut : « Avec
la paix, rien n'est perdu ; mais tout peut l'être par la
guerre ». La publication de l'encyclique un Jeudi saint n'est

pas un hasard : Jean tenait à adresser ce dernier message au monde le jour où son maître avait exhorté ses disciples à s'aimer les uns les autres et avait demandé à son Père de les garder unis.

Darius Milhaud a créé une symphonie chorale à partir d'extraits de *Pacem in terris*. Aucune autre encyclique ne se prêterait à pareille transmutation. C'est la deuxième œuvre d'art inspirée par Jean XXIII. Il y en a une troisième. Giacomo Manzù — l'Italien que beaucoup considèrent comme le plus grand sculpteur depuis Rodin — a fait plusieurs bronzes du pape pendant sa vie et son masque funéraire après sa mort. Aussi bavards l'un que l'autre, le vieux prêtre et le radical vieillissant s'amusaient comme des enfants pendant les séances de pose et devinrent d'excellents amis. Manzù s'est inspiré de la vie de Jean pour créer la *Porta della Morte* commandée par Paul VI pour la basilique Saint-Pierre. Ses monumentaux vantaux de bronze évoquant Jean XXIII, le concile et le martyre nous transportent à la lisière d'un autre monde.

Deux jours après la publication de *Pacem in terris*, Manzù vint présenter ses bustes à Jean. Il fut atterré par la détérioration de son modèle : « Le visage avait fondu. N'en subsistaient que le grand nez crochu et les oreilles immenses, sinistres sentinelles écrasant le reste, lugubres tours de garde d'un château en ruine. » Les deux hommes ne se reverraient plus.

Jean est traité de simplet, accusé de faire le jeu du parti communiste italien. Il entend dire que les conservateurs mijotent quelque chose pour « sauver » le concile. La revue *Time*, qui lui a décerné le titre d'homme de l'année, l'invite à New York pour un repas au sommet avec Kennedy, Khrouchtchev, de Gaulle, Adenauer, le théologien protestant Karl Barth et Pablo Picasso. Il ne demanderait pas mieux, mais... Il reçoit le prix Balzan de la paix (avec la bénédiction des quatre membres soviétiques du directoire de la fondation, c'est-à-dire celle de Khrouchtchev). L'Administration américaine lui promet la Presidential Medal of Freedom (Kennedy n'étant pas moins reconnaissant que Khrouchtchev). Il réfléchit aux moyens d'extraire le vieux Mindszenty, cardinal royaliste et fumeur de cigares impénitent, de l'ambassade américaine à Budapest où il s'est réfugié sept ans plus tôt avant qu'il ne rende fou tout son personnel.

Mais il n'a plus la force de s'occuper des affaires du monde : la douleur le consume tout entier. Le 23 mai, jeudi de l'Ascension, il se lève et s'habille pour la dernière fois afin de recevoir son neveu Flavio Roncalli. Les visiteurs suivants le trouveront au lit. Beaucoup fondent en larmes en le voyant si faible, et il doit les consoler. Quand il se plaint de ne plus pouvoir dire la messe, Federico Belotti, le diacre qui le veille la nuit, lui répond : « Votre lit est votre autel. » Il est ravi : « L'autel veut une victime. Je suis prêt. »

Les habitudes ont la vie dure. Lorsque Cicognani et son vieil ami Dell'Acqua viennent le saluer, il se redresse dans son lit et leur fait un petit sermon. À son arrivée au Vatican, il aimait à dire qu'il était toujours entouré d'Acqua et de Canali même s'il avait quitté Venise, mais le cardinal Canali, l'homme qui l'avait présenté à la foule le soir de son élection, n'est plus de ce monde, et Jean se prépare à le suivre. « Aujourd'hui plus que jamais, explique le mourant aux deux diplomates, nous devons servir l'homme en tant que tel et non seulement les catholiques. Nous devons défendre avant tout et partout les droits de la personne humaine et non seulement ceux de l'Église catholique. Les circonstances présentes, les besoins des 50 dernières années, l'approfondissement de la doctrine nous ont conduits devant des réalités nouvelles. *Ce n'est pas l'Évangile qui change, c'est nous qui commençons à mieux le comprendre.* » Derrière ce brillant résumé de *Pacem in terris*, on devine un discret plaidoyer du chef à deux disciples un peu tièdes : ne sabotez pas mon œuvre.

Lorsqu'il est conscient, Capovilla lui lit des extraits de l'*Imitation de Jésus-Christ* et les messages qui affluent du monde entier, des chaumières et des palais, des chrétiens et des juifs, des bouddhistes et des incroyants. L'un d'eux écrit : « Dans la mesure ou un athée peut prier, je prie pour vous. » La phrase arrache un sourire au vieil homme. Le 30 mai, ses douleurs abdominales s'aggravent ; on lui administre des sédatifs. Le lendemain, les médecins annoncent à Capovilla que la mort est une question d'heures. Ravalant ses larmes, il s'approche du lit et souffle : « Je vous rends le même service que celui que vous avez vous-même rendu à votre évêque. » C'était le signal convenu. Brisé, Capovilla tombe à genoux, enfouit la tête dans les draps. « Aidez-moi à mourir comme doit le faire un évêque », murmure Jean.

Les membres de sa maison se rassemblent dans la pièce pour assister aux derniers sacrements. Il y a là les religieuses de Bergame qui s'occupent de l'entretien et de la cuisine, les médecins et infirmières, Cicognani et Dell'Acqua. Jean reçoit le viatique, communion donnée aux mourants en prévision du grand voyage. Il montre du doigt le crucifix au pied du lit : « C'est le secret de mon ministère… Il est là pour que je puisse le voir dès mon réveil et juste avant de m'endormir… Ses bras étendus disent que le Christ est mort pour tous, pour tous. Nul n'est rejeté de son amour, de son pardon. » Il évoque ses mentors : Rebuzzini, Radini, Ferrari. Il demande pardon à ceux qu'il a offensés. Son âme est en paix : « Je suis sûr que le Seigneur, dans sa miséricorde, ne me rejettera pas. »

Le sacristain pontifical commence à lui administrer l'extrême-onction. Il doit oindre les yeux, les oreilles, le nez, les lèvres, les mains et les pieds du mourant, mais la nervosité lui fait oublier l'ordre dans lequel il est censé procéder. Jean l'aide à terminer, puis s'entretient quelques instants avec chacun des témoins. Montini lui succédera, annonce-t-il. Encore quelques visites, et le voilà seul avec Capovilla. « Nous avons travaillé ensemble, servi l'Église sans nous arrêter pour ramasser et lancer derrière nous les pierres que nous trouvions sur notre chemin. Vous avez supporté mes défauts et moi les vôtres. Nous serons toujours amis… je vous protégerai du haut du ciel. »

Une vague de douleur, une dose de sédatifs. Avec la nuit arrivent les frères de Jean — Zaverio, Alfredo, Giuseppe — et sa sœur Assunta pour l'ultime veille. Jean n'est qu'à demi-conscient. Tantôt il se croit en France et parle français, tantôt il est à Bergame ou à Sotto il Monte. Il égrène des noms de villes, de pays, de communautés, de vivants et de morts dans une douce litanie du souvenir. Parfois, il revient à lui et sourit aux siens : « Je suis toujours avec vous. »

Le 2 juin est le jour de la Pentecôte, la fête de l'Esprit saint, celle que Jean préfère. Dans la nuit du 2 au 3, il s'éveille à 3 heures et dit d'un ton étonnamment ferme : « Seigneur, tu sais que je t'aime. » La phrase est de Pierre. Il la prononce à la fin de l'Évangile selon saint Jean, en réponse à une question du Christ : « Simon Pierre, fils de Jean, m'aimes-tu ? » La scène, située au bord du lac de Galilée, se déroule comme dans un rêve. Trois fois, Jésus ressuscité pose la même question et Pierre fait la même véhémente réponse. Jésus lui donne chaque fois un mandat spécifique : pais mes agneaux ; veille sur mes brebis ; pais mes brebis. Les biblistes contemporains pensent que ce récit est un ajout postérieur, produit par une communauté anarchique après son entrée dans l'Église apostolique, pour signifier la nécessité d'une autorité structurée. Cette « communauté du disciple bien-aimé » aurait ainsi fait acte d'obéissance à un évêque — peut-être Pierre lui-même — à la condition expresse qu'il se comporte en pasteur et non en seigneur.

« Seigneur, tu sais que je t'aime », murmure Jean une seconde fois. Ce sont les derniers mots qu'il prononce clairement. Il s'assoupit, se réveille de temps en temps, fait le signe de la croix. À 17 heures, la place Saint-Pierre est noire de monde ; la foule est venue entendre une messe en plein air pour le pape malade. Autour de l'agonisant, sa famille, ses gens, ses proches collaborateurs suivent les prières récitées en bas. À 19 h 45, le célébrant conclut le rituel par le traditionnel *Ite, Missa est*, allez, la messe est dite, qui peut aussi s'interpréter comme : allez, votre mission est accomplie. Dans la chambre, tout le monde l'entend distinctement. Le gisant drapé de blanc frémit, pousse un petit râle, cesse de respirer.

Les hommes et les femmes rassemblés autour du lit — les paysans comme les cardinaux — entonnent alors le *In paradisum* :

Au paradis puissent les anges te conduire
Et les martyrs t'accueillir
Pour t'amener à la cité céleste de Jérusalem.
Que le chœur des anges t'accueille,
Et, en compagnie de Lazare jadis pauvre,
Puisses-tu jouir du repos éternel.

QUATRIÈME PARTIE

Après Jean

Angelo Giuseppe Roncalli, devenu sur le tard Sa Sainteté le pape Jean XXIII, concevait la vie de son Église comme une lente progression guidée par l'Évangile, la Bonne Nouvelle proclamée par la vie, la mort et la résurrection de Jésus. Cette idée empruntée à d'autres lui permettait non seulement d'envisager les tribulations de l'Église et de la papauté avec la sérénité que requérait sa nature, mais aussi d'en tirer des leçons utiles pour son propre temps. Sa vie est elle-même une lente progression, une évolution psychologique si graduelle qu'elle en devient parfois imperceptible. Je l'appelle par son seul prénom, Angelo, tant qu'il demeure soumis à la volonté d'autrui, incapable de se déterminer lui-même sauf pour de rares, mais lumineuses exceptions (notamment son action en faveur des Juifs pendant la Deuxième Guerre mondiale) qui révèlent une réserve de bonté naturelle prête à jaillir à la première occasion. Son élévation au patriarcat vénitien marque son accession à l'autonomie des adultes. On commence à voir ce dont il est capable. Je lui rends alors son patronyme : Roncalli. Sous le nom de Jean, il dépasse toutes nos attentes, mais son épanouissement n'est que l'aboutissement d'une longue maturation, le fruit d'un croisement très rare entre l'intégrité et l'intelligence : intégrité qui oblige le prêtre à appliquer consciencieusement la règle évangélique ; intelligence qui le pousse à interroger inlassablement l'histoire et lui interdit d'en demander trop aux gens et aux événements. Jean ne tombe jamais dans le cynisme, car la prière et la réflexion inspirées par sa sincérité l'ont doté d'une hauteur de vues et d'un courage peu communs.

Le lecteur s'étonnera peut-être que j'aie si rarement évoqué l'Évangile en racontant l'histoire de la papauté. C'est que la plupart des pontifes romains ont mené une action purement politique et qu'il n'est nul besoin de références religieuses pour expliquer ces décisions-là. Certains ont été de fins politiques, d'autres non, mais on n'en trouve pas beaucoup qui aient été de bons pasteurs au sens évangélique du terme. Le constat choque dans les pays anglo-saxons et scandinaves ; imprégnés de l'éthique protestante, ils font de la morale un bien très public et se scandalisent facilement des écarts de conduite de leurs chefs. Dans les pays latins, au contraire, personne n'attend des puissants qu'ils soient des hommes de bien, comme le fit délicieusement remarquer une femme de chambre romaine à Hannah Arendt pendant l'agonie de Jean XXIII : « *Signora*, ce pape est un vrai chrétien. Comment est-ce possible ? Comment un vrai chrétien a-t-il pu monter sur le trône de saint Pierre ? Il a fallu qu'on le nomme évêque, puis archevêque, puis cardinal. Tout ce temps-là, personne n'aurait réalisé ce qu'il était ? » Était-elle cynique, angélique, réaliste ? Toutes les hypothèses se valent.

Après Grégoire le Grand, l'auteur du *Pastoral* dans lequel Angelo apprit son métier de pasteur, seuls quelques papes font véritablement honneur au nom de chrétien : Benoît XIV, Pie VII, Léon XIII et Benoît XV. Ils ont régné à des époques relativement récentes, ce qui plaide en faveur de la théorie roncallienne du progrès spirituel de l'humanité, source d'une meilleure compréhension de l'Évangile. Dans cette perspective, nous allons examiner brièvement la suite de l'histoire pontificale pour essayer de savoir si les successeurs de Jean ont été à la hauteur de son humanisme.

Paul VI

Comme Jean l'avait prédit, c'est son ami Giovanni Battista Montini qui lui succède. Il a 65 ans. Il prend le nom de Paul pour signifier son intention de prêcher, tel l'apôtre des gentils, à tous les hommes plutôt qu'aux seuls convertis. Il pourrait dissoudre le concile; il s'efforce au contraire d'activer ses travaux, promulgue tous ses décrets après la clôture de la dernière session, fin 1965, et s'occupe personnellement de les faire appliquer. Les *intransigenti* — qui lui avaient opposé le vieux Siri au conclave, mais n'avaient pas pu s'imposer face à la majorité issue des nominations de Jean — cherchent alors à reprendre la main en paralysant l'exécution des décisions conciliaires. Paul riposte en décrétant la retraite à 75 ans pour tous les évêques (sauf lui); les cardinaux de la curie bénéficient d'un sursis de cinq ans, mais il n'y aura plus jamais de cardinal de 80 ans passés au conclave. Ottaviani et sa vieille garde ne se laissent pas évincer en silence.

Les décrets de Vatican II ont tellement changé l'Église que l'historien anglais Eamon Duffy tient ce concile pour « l'événement chrétien le plus révolutionnaire depuis la Réforme ». L'Église ne se présente plus comme une pyramide hiérarchique, mais comme « le peuple de Dieu en pèlerinage »; il n'est donc pas exclu qu'elle erre de temps en temps. Un exemple parmi d'autres: l'emploi obstiné du latin dans la liturgie alors que les fidèles ne le comprennent plus depuis des siècles. (Paul ne dit pas autre chose dans son introduction au nouveau sacramentaire.) Les évêques sont les « collègues » du pape, coresponsables de cette communauté qui, ayant cessé de se présenter comme la seule vraie Église du Messie, peut enfin reconnaître les autres formes de christianisme. Elle tend la perche aux protestants en renonçant à revendiquer pour sa Tradition un rang égal à celui de la Bible : sa seule source de révélation, c'est la parole de Dieu, qui inspire et l'Écriture et la Tradition. Les fidèles sont priés de s'intéresser à autre chose qu'à leur salut et d'œuvrer avec tous les hommes à l'instauration d'un monde plus humain ; ils ont surtout, de par la volonté du Christ, l'obligation perpétuelle de promouvoir l'unité des chrétiens. Le peuple juif ne peut être tenu responsable de la mort de Jésus ; on doit au contraire le chérir, car il a entendu avant les autres la parole de Dieu (comme l'avait dit Jean dans sa prière du Vendredi saint). L'antisémitisme est une abomination. Tous les êtres humains ont droit au libre exercice de leur religion.

Le décret sur la liberté religieuse, si simple en apparence, est la nouveauté la plus révolutionnaire de toutes, car il fait litière de la thèse qui justifiait jusqu'alors la contrainte religieuse exercée par l'Église (ou l'État) : l'erreur n'a pas de droits. Un jésuite américain, le père John Courtney Murray, est à l'origine du texte. Comme les

Français de Lubac, Chenu et Congar, le Suisse allemand
Küng et l'Allemand Karl Rahner, Murray avait été privé du
droit de parole sous le suspicieux Pie XII. Vatican II permit
à tous ces théologiens de s'exprimer enfin. Ils sont les pères
spirituels du concile. Le décret de Murray doit son adop-
tion à un prélat polonais peu connu à l'époque : Karol
Wojtyla, archevêque de Cracovie. Le futur Jean-Paul II était
scandalisé par les désaccords publics entre évêques, mais
avait vite compris que la reconnaissance du droit à la libre
pratique religieuse lui fournirait une arme contre le régime
communiste honni. Il en persuada les autres évêques est-
européens ; s'ajoutant aux voix nord-américaines, françaises, néerlandaises et allemandes, leurs suffrages firent
pencher la balance face aux Espagnols, aux Portugais, aux
latino-américains et à plus d'un Italien incapables d'imaginer la vie en société dans un tel contexte.

Fils d'un homme de gauche, Paul venait d'une famille
engagée en politique et imprégnée de culture. Il aspirait
avec passion à la réunification des chrétiens et eut toute sa
vie durant des amis parmi les chrétiens non catholiques.
Pendant son pontificat, il rencontra à plusieurs reprises le
patriarche œcuménique Athénagoras, sûrement l'une des
figures les plus généreuses et tolérantes de l'histoire orthodoxe ; ensemble, ils liquidèrent les excommunications que
s'étaient mutuellement infligées leurs prédécesseurs mille
ans auparavant. Paul donna son anneau épiscopal à Michael

Ramsey, archevêque anglican de Canterbury, et inventa la jolie formule des « Églises sœurs » pour décrire les relations entre catholiques et anglicans. L'encyclique *Populorum progressio* qu'il a écrite en 1967 en s'inspirant de Léon XIII (*Rerum novarum*) et de Jean XXIII (*Mater et magistra*), est la plus radicale des encycliques à caractère social : elle condamne les inégalités entre les nations, rappelle que Dieu a donné les richesses terrestres en partage à tous les hommes sans exception, affirme que le nouveau nom de la paix est « développement » et que l'humanité ne peut espérer vivre en paix si elle ne distribue pas équitablement les ressources de la planète. Le tout avec une concision inégalée chez un pape, car Paul possédait un style précis et élégant dans les trois langues qu'il maîtrisait : le latin, l'italien et le français, qu'il choisit pour sa mémorable adresse aux Nations unies lors de sa visite à New York. Premier pape à quitter le territoire italien depuis le XVIIIe siècle, Paul fit une douzaine de voyages à l'étranger, notamment en Israël, en Inde, aux États-Unis, au Portugal, en Turquie, en Colombie, en Suisse, en Ouganda, dans les îles du Pacifique, en Australie et aux Philippines, pays où un prêtre dérangé chercha à le poignarder.

Malgré cette indéniable volonté d'ouverture, Paul VI ressemblait moins à son ami Jean XXIII qu'à Pie XII, le pape qu'il avait servi pendant une grande partie de sa vie. Il se considéra toujours comme le vicaire du Christ, unique porteur de la Bonne Parole à un monde incrédule. Durant le concile, il étouffa un mouvement qui aurait canonisé Jean par acclamation pour ne pas compromettre une prérogative pontificale (il savait pourtant qu'elle était d'origine tardive). Les conservateurs le persuadèrent d'annexer à la nouvelle constitution dogmatique sur l'Église une note préliminaire affirmant que le texte n'entamait en rien l'autorité suprême du pape, ce qui équivalait à nier sans le dire la doctrine de la collégialité épiscopale exposée dans le corps du document. Paul veilla à ce que le synode mondial des évêques, dont les pères conciliaires voulaient faire un conseil d'administration régulièrement consulté, reçoive un mandat totalement dépourvu de pouvoir décisionnel. (Les conseils paroissiaux de laïques créés « dans l'esprit du concile » pour épauler les curés subiront le même sort.) Il exclut d'autorité deux questions du débat conciliaire : le célibat des religieux et le contrôle des naissances. Il craignait sans doute que l'assemblée ne prenne la « mauvaise » décision. L'idée ne serait jamais venue à Jean : il avait confiance dans l'Esprit saint. Paul finit par confirmer l'obligation de célibat perpétuel pour les religieux et l'interdiction de toute forme de contraception aux couples mariés, contre l'opinion très majoritaire de la commission créée par lui pour l'éclairer sur ce dernier sujet (qu'il trouvait embarrassant). Karol Wojtyla ressurgit ici déguisé en sexologue pour avertir un pape qui n'y comprend goutte que sa com-

mission a erré et que la Tradition ne tolère aucune modi-
fication doctrinale sur ce point précis.

Humanae vitae, l'encyclique prohibant la contraception, parut en 1968, un peu plus de 12 mois après *Populorum progressio*, privant celle-ci d'une grande partie de son
efficacité et provoquant une telle tempête dans l'opinion
que le pauvre Paul se jura qu'on ne le reprendrait plus à
pondre une encyclique. Depuis, les protestations n'ont fait
que croître en Occident, particulièrement en Allemagne,
en Hollande et aux États-Unis. Les enquêtes sociologiques
montrent que, là où ils ont accès aux moyens de contraception, les catholiques s'en servent aussi libéralement que les
autres. Comme ce n'était pas le cas avant la diffusion de
l'encyclique, il y a fort à parier qu'elle a eu sur leurs pratiques sexuelles le même effet que la Prohibition sur la consommation d'alcool aux États-Unis. Elle semble aussi avoir
précipité le départ d'un certain nombre de fidèles incapables de supporter ce dilemme de conscience et avoir réduit
les contributions financières de ceux qui sont restés,
notamment aux États-Unis. Privés de voix, les laïques
auraient voté avec leurs pieds… et leur portefeuille.

À la fin de son pontificat, Paul VI était tellement miné
par le doute qu'il n'avait plus une once d'autorité. Il mourut d'une crise cardiaque en 1978, usé par le souci, à quelques semaines de son 81e anniversaire. Peu de temps
auparavant, il avait présidé, dans la basilique Saint-Jean-

de-Latran, à un service funèbre en mémoire de son ami Aldo Moro, l'ancien chef du gouvernement italien enlevé par des terroristes marxistes-léninistes et «exécuté» comme complice des «crimes de l'État capitaliste». Paul avait écrit aux Brigades rouges pour obtenir la libération de Moro, leur offrant une grosse rançon et sa propre personne en otage, mais il n'avait pu se résoudre à la seule démarche qui aurait peut-être sauvé son ami: demander publiquement à l'État italien de procéder à l'échange de prisonniers que réclamaient les ravisseurs. Il ne se sentait pas autorisé à intervenir dans les affaires d'un État «étranger»; c'eut été contraire à la règle de désengagement que ses prédécesseurs avaient eu tant de mal à mettre en place et qu'il avait suivie à la lettre pendant toute sa vie. Persuadée que ni l'Église ni l'État n'avait fait assez, la famille d'Aldo Moro refusa d'assister à la cérémonie.

Paul tergiversait tellement qu'on l'avait surnommé Hamlet. On racontait que son mot favori était *mais*. Les Italiens, qu'il n'avait jamais vraiment séduits, furent sans doute nombreux à penser que son indécision avait coûté la vie à un homme. Paul avait travaillé comme aumônier dans le milieu étudiant au début de sa carrière, mais la nouvelle génération le mystifiait: non seulement les enragés des Brigades rouges, mais aussi les jeunes catholiques radicaux et, plus encore, ceux et celles qui désertaient en masse les rangs du clergé. Le climat d'individualisme forcené qui déferlait sur l'Occident condamna ce pontife irrésolu à l'impuissance longtemps avant sa mort.

Jean-Paul II

Succède à Paul VI le patriarche de Venise, Albino Luciani. L'homme est un peu terne, mais affable : à croire que les cardinaux ont voulu faire oublier l'air pincé et préoccupé de Paul VI. Le « pape sourire » est le premier pontife à choisir un nom à trait d'union et à refuser la pompe des couronnements. Son sourire masquait-il des tensions et des chagrins secrets ? Toujours est-il que le 28 septembre 1978, à peine un mois après son élection, Jean-Paul Ier est retrouvé mort dans son lit par sa gouvernante. Comme tous les matins, sœur Vincenza avait laissé une tasse de café devant sa porte ; en la découvrant encore pleine de liquide froid, elle n'a pu résister à la curiosité. Pour dissimuler le fait qu'une femme a vu le pape dans son pyjama (même à l'état de cadavre), le Vatican attribue la macabre découverte au secrétaire du défunt. Le pieux mensonge est vite éventé, et les médias font leurs choux gras des causes probables et improbables du décès, avec une nette préférence pour le poison. En fait, le pape est mort d'une crise cardiaque en lisant au lit.

Seul changement dans la liste des *papabili* du mois précédent : elle ne compte plus un seul Italien. Le vieux cardinal Siri est toujours partant, bien entendu, mais les rangs des conservateurs se sont éclaircis ; du reste, qui oserait courir le risque d'une troisième crise cardiaque pontificale en trois mois ? On cherche donc une rareté : un cardinal encore vigoureux. Un groupe de germanophones et de Latino-Américains piloté par l'Autrichien Franz König et le Brésilien Aloisio Lorscheider propose la candidature de Karol Wojtyla, cardinal-archevêque de Cracovie. Il n'a pas 60 ans, il est séduisant, sportif, sûr de lui, docteur en philosophie. Ses partisans le croient pragmatique en matière politique puisqu'il arrive à s'entendre avec les communistes (contrairement aux inflexibles évêques d'Ancien Régime comme le cardinal Mindszenty) et progressiste en matière théologique à cause de ses interventions au concile. Ils seront cruellement déçus. Le premier pape slave de l'histoire prend le nom de Jean-Paul II par « révérence, affection et dévotion pour Jean-Paul et aussi pour Paul VI, qui a été mon inspiration et ma force ». Pas un mot sur Jean XXIII dans ce premier discours.

Les cardinaux qui ont élu Wojtyla ignorent tout de ses origines. Cadet de deux garçons, il a perdu sa mère avant d'avoir huit ans. Le frère aîné qu'il admirait énormément a été emporté par la fièvre scarlatine quatre ans plus tard. Sa famille n'avait pas beaucoup de parents ni d'amis. Son père, un militaire taciturne, lui imposait un horaire rigide, dominé par l'étude (l'allemand, en particulier, que le garçon apprit à parler couramment), le soccer et la prière. La prière surtout : les amis du petit Lolek trouvaient parfois le père et le fils à genoux au beau milieu de la journée ; leurs vacances tournaient souvent au pèlerinage marial. Après la mort de son père, en 1941, le jeune homme de 20 ans a pris l'habitude de prier prosterné sur le sol de sa chambre, les bras en croix. Bref, la jeunesse de Wojtyla a été aussi dure que celle de Roncalli avait été douce. Les deux hommes ont reçu le même héritage tridentin, mais le catholicisme de Roncalli était une religion affectueuse, souriante, confiante alors que celui de Wojtyla semble morose, presque morbide, sans chaleur ni gaieté. Sa fonction première est de tremper la volonté, de façonner un héros capable de surmonter toutes les difficultés.

Soumis à un dressage aussi rude, un enfant s'endurcit ; *a fortiori* s'il atteint l'âge d'homme dans un pays en guerre. Un athlète sobre et discipliné trouve rarement du mérite à un bon vivant indolent et bavard. On peut comprendre que Wojtyla ait été irrité par l'espièglerie de Roncalli et le plaisir manifeste qu'il prenait à fréquenter les gens, à les laisser s'exprimer — au point d'admettre qu'un évêque puisse le contredire publiquement. Il n'est pas moins vraisemblable — mais ici, les preuves manquent — que ce pur produit de la Pologne ait vu dans l'*ostpolitik* de Jean un affront aux sacrifices de ses compatriotes pour leur foi. Quoi qu'il en soit, Wojtyla jeune homme est une espèce de surhomme : il fait du ski, de l'alpinisme, de l'aviron, il joue la comédie avec talent. Pendant la guerre, il fait deux quarts à l'usine tout en se préparant à devenir prêtre au nez et à la barbe des nazis. Frappé par un camion allemand et laissé pour mort, il offre sa vie en imitation du Christ, ressuscite dans la soutane du prêtre, devient docteur en philosophie, puis évêque. Quoi qu'il fasse, il impressionne tout le monde par sa ténacité, sa volonté indomptable, sa parfaite maîtrise de lui-même et des événements.

Jean-Paul II n'a jamais douté du caractère divin de son élection : Dieu l'a choisi, croit-il, pour récompenser la Pologne de sa fidélité sous les occupations impériale, nazie et communiste, ainsi que pour montrer son déplaisir à un Occident dégénéré. À l'abri inexpugnable du trône de Pierre, il a patiemment miné les digues communistes en Pologne ; au bout du compte, le pacte de Varsovie et même l'Union soviétique ont été emportés par le flot. Les historiens débattront encore longtemps de son rôle exact dans la disparition des régimes communistes en Europe, mais nul doute que son élection a catalysé la montée en puissance du syndicat Solidarité et que ses interventions constantes — à la radio, à la télévision, par le truchement du cinéma et même du télécopieur — ont entretenu l'effervescence qui a provoqué l'effondrement. À la conférence de Yalta, écartant l'idée d'accorder de l'importance aux opinions du pape, Staline avait demandé avec ironie : « De combien de divisions le pape dispose-t-il?» Jean-Paul II venait de fournir la réplique.

Jean-Paul II est également persuadé que Dieu est intervenu pour le sauver lors de l'attentat contre lui sur la place Saint-Pierre, le 13 mai 1981. L'Église célèbre ce jour-là l'apparition de la Vierge à trois jeunes Portugais du village de Fatima, en 1917. Marie avait alors confié aux enfants un «terrible secret» qu'ils ne pouvaient révéler qu'au pape. Le voile a été levé récemment par le Vatican. La seule survivante du trio, qui a fini sa vie au cloître, a confié à Pie XII qu'elle avait eu une vision : une croix surplombant une foule de martyrs et, au milieu d'eux, un évêque vêtu de blanc qui s'écroule «comme s'il était mort». Pour Jean-Paul II, les martyrs sont les chrétiens d'Europe de l'Est persécutés par les communistes, et l'évêque en blanc est leur défenseur, le premier pape slave injustement condamné à mort, mais sauvé *in extremis* par la mère de Jésus. Peut-être, mais les éléments de son interprétation qui ravissent les uns donnent le frisson aux autres. Ils sont un concentré de ce catholicisme très polonais que Jean-Paul II semble parfois vouloir imposer à l'humanité ou, à tout le moins à sa fraction catholique.

Ce pontife qui a voyagé plus que n'importe quel pape semble étrangement coupé du monde. Ses rares ouvertures œcuméniques — pour la plupart en direction des orthodoxes — n'ont pas eu tellement d'écho. Il se montre intraitable à l'égard des protestants. Son grand inquisiteur Joseph Ratzinger (veuillez noter que l'Inquisition romaine a encore changé de nom : elle ne s'appelle plus Saint-Office, mais Congrégation pour la doctrine de la foi) a décrété récemment que le terme « Église » ne pouvait pas s'appliquer à des communautés dépourvues d'évêques appartenant à la succession apostolique, ni l'expression « Église sœur » à l'Église catholique romaine puisqu'elle est la mère de toutes les autres. Aux oubliettes l'attitude fraternelle de Paul VI, le rêve œcuménique de Jean XXIII et du cardinal Bea ! On n'imagine pas Jean-Paul II offrant son anneau épiscopal à un archevêque de Canterbury comme le fit Paul VI, encore moins son bréviaire, le compagnon de toute une vie, à un pasteur anglican suivant l'exemple de Jean XXIII. Ce serait accorder aux donataires une mesure de légitimité. Au contraire, Ratzinger a été autorisé à reformuler la déclaration de Léon XIII sur l'illégitimité de l'ordination anglicane en des termes qui frôlent la proclamation infaillible. Quant aux partisans du dialogue avec les religions non chrétiennes, ils ont été avisés qu'il ne saurait y avoir de compromis avec des croyances « si gravement déficientes » que les chrétiens n'ont rien à apprendre d'elles. Ce qui revient à récuser le dialogue lui-même. La boucle est bouclée : les catholiques sont revenus au bon vieux temps de Pie XII.

La liberté dont jouit Ratzinger face aux théologiens qui sortent des sentiers battus rappelle aussi la fin du pontificat de Pie XII. La Congrégation pour la doctrine de la foi a sanctionné plusieurs des pères spirituels de Vatican II. Hans Küng — un homme dont le charme, la vigueur et l'inflexibilité valent bien celles de Wojtyla — n'a plus le droit d'enseigner la théologie catholique. Les adeptes latino-américains de la théologie de la libération ont été écartés de toutes les tribunes. Les évêques, le corps professoral des séminaires et les nouveaux prêtres doivent prêter un serment de loyauté qui rappelle celui de Pie X contre le modernisme ; les facultés de théologie des universités catholiques pourraient bientôt être obligées de conformer étroitement leur enseignement à la doctrine du Saint-Siège. Cette longue campagne d'épuration a déconsidéré le pape aux yeux des chrétiens non catholiques. Alors que, sous Jean XXIII, le Saint-Siège avait une cote d'écoute largement supérieure aux deux milliards de chrétiens (le tiers de l'humanité), Jean-Paul II s'est montré si rebutant qu'il a du mal à se faire admettre comme porte-parole des catholiques, même par ses propres fidèles. Le pape ne peut sans doute pas être un père universel s'il s'obstine à jouer au policier universel.

Le gendarme du Saint-Siège a subi un échec particulièrement cuisant sur le terrain de la sexualité. En 1960, peu après avoir abandonné l'enseignement de la philosophie, monseigneur Wojtyla s'était fendu d'un ouvrage sur l'amour et la responsabilité qui avait causé quelques remous parce que l'auteur, non seulement y traitait de sexualité, mais y donnait des renseignements exacts sur l'orgasme féminin et la façon d'y parvenir, sujet très mal connu dans *tous* les milieux polonais à l'époque. Catholique et communiste, la Pologne vivait en régime doublement puritain : où Wojtyla avait-il bien pu dénicher ses renseignements ? Je ne pense pas qu'il ait eu d'autre maîtresse que la littérature. Il s'est probablement inspiré d'un ouvrage écrit au début du siècle par un sexologue européen, Van de Velde peut-être, car ses livres étaient alors assez faciles à trouver. Ce qui est sûr, c'est que cette source n'avait pas reçu l'*imprimatur*. Le livre de Wojtyla représentait un réel progrès sur un plan puisqu'il prônait l'égalité des conjoints et exhortait le mari à satisfaire sa femme. Sur la contraception, par contre, il s'en tenait à la vieille doctrine : l'emploi de tout moyen « artificiel » est un manquement au devoir conjugal.

L'ouvrage reflète la personnalité paradoxale de son auteur. Wojtyla ne pèche pas par puritanisme, mais par idéalisme : il a une vision trop romantique de la sexualité et prône une complémentarité sexuelle qui n'a pas grand-chose à voir avec la réalité du mariage. Il n'a peur et ne doute de rien — il le fallait pour s'embarquer dans la lecture de traités de sexologie interdits — mais est aveuglé par sa condition de célibataire et son penchant pour la ratiocination philosophique. Comme les platoniciens, il est persuadé que la raison pure suffit pour connaître la vérité. Il ne doute pas une seconde d'y parvenir et d'en convaincre ensuite les mortels moins doués que lui. Au fond, il se croyait infaillible bien avant de devenir pape.

C'est cette arrogance qui le rend insupportable. Les terrains qu'il connaît le moins sont ceux où il s'avance le plus : les femmes et la sexualité. Si la raison pure mène à la vérité, l'inexpérience n'est pas un handicap, mais un atout ! Jean-Paul II n'imagine pas que l'Église change un jour d'avis sur les rapports sexuels avant le mariage, la contraception, le divorce, l'homosexualité, le mariage des prêtres ou l'ordination des femmes. Il en est si convaincu qu'il refuse d'élever à l'épiscopat quiconque est en désaccord avec lui sur ces sujets-là ; voilà pourquoi, deux décennies après son élection, le collège épiscopal compte encore plus d'hypocrites et de médiocres qu'à l'ordinaire. Quel homme sérieux accepterait de s'engager sur un pareil programme ?

Jean-Paul s'est délié arbitrairement d'une règle très ancienne qui assujettit les décisions doctrinales et nominations épiscopales à l'approbation tacite d'une majorité des fidèles concernés. Le rejet massif de ses thèses ne l'a pas fait changer de cap, et il ne s'est pas gêné pour imposer à des diocèses néerlandais, helvétiques, allemands et autrichiens des prélats réactionnaires récusés par les fidèles. (Il s'est résigné à démettre l'archevêque qu'il avait placé à Vienne quand sa pédophilie est devenue notoire.) Tous les évêques ont vu leur influence diminuer durant ce pontificat, même ceux que Jean-Paul a nommés, car le pape, à l'instar de Pie XII, ne voit en eux que les exécutants de sa politique. Leur synode mondial a perdu jusqu'à la fonction consultative que lui avait laissée Paul VI. Il se contente d'enregistrer les décisions pontificales selon des modalités dignes des pires régimes communistes : le pape détermine l'ordre du jour, assiste aux débats et prend des notes ! Toutes les assemblées publiques sont orchestrées dans leurs moindres détails afin d'étouffer les réactions spontanées et les propositions originales. Pas étonnant que Jean-Paul II soit resté sans voix quand sœur Teresa Kane a réclamé l'ordination des femmes durant l'une de ces réunions sous haute surveillance.

Le pape a promulgué la réforme du droit canon amorcée par Jean XXIII et le catéchisme qui a remplacé, enfin, celui du concile de Trente. Hélas ! la version anglaise de ce beau document est scandaleusement sexiste, Ratzinger ayant pris pour conseillers linguistiques quelques amis américains particulièrement bornés. Jean-Paul a beaucoup investi dans le développement des mouvements laïques : le spectre va de la secrète et sinistre organisation franquiste de l'Opus Dei à la libre et lumineuse communauté de Sant'Egidio vouée aux pauvres pour l'amour de Dieu. Sur le plan social, ce pape n'a rien ajouté aux enseignements de Jean XXIII et de Paul VI, mais n'y a rien retranché non plus, si ce n'est l'avatar de la théologie de la libération. Son enseignement énergique et parfois éloquent en faveur d'une meilleure répartition des richesses et de la protection des immigrants et des minotités ethniques a malheureusement reçu beaucoup moins d'attention de la part des médias internationaux que sa défense des droits des embryons et fétus humains. À son crédit, il faut citer encore son attitude attentionnée à l'égard des Juifs, malgré quelques gaffes aussi incongrues qu'inutiles.

En 2000, Jean-Paul a béatifié Jean XXIII, ce qui permet aux fidèles d'invoquer le bon pape dans leurs prières et prépare la canonisation qui fera de lui un modèle héroïque. Il n'avait guère le choix : les catholiques ont sanctifié Jean depuis belle lurette. Dans la foulée, il a béatifié Pio Nono, un pontife que personne n'a envie de vénérer sauf les derniers représentants d'une noblesse italienne décatie et, peut-être, les propriétaires d'une pizzeria du Trastevere baptisée *Il Papa-Re* en l'honneur de ce dernier pape-roi. Les autres Italiens seraient plutôt de l'avis des Romains qui tentèrent de jeter le cadavre de Pio dans le Tibre. On a coutume de couvrir les caprices pontificaux du pudique manteau de l'intérêt général, mais cette seconde béatification ne répond qu'à son intérêt particulier ; personne ne demandera jamais l'intercession du béatifié. Qu'importe : Jean-Paul ne peut pas bénir l'humanité et l'humilité d'un croyant sans exalter en parallèle l'intransigeance et le triomphalisme de l'institution. Ce défenseur à tout crin de la papauté et de l'appareil ecclésiastique est incapable de leur reconnaître le moindre tort. Quand il a demandé pardon pour le martyre de Jan Hus et la condamnation de Galilée, il n'a pas attribué ces horreurs à une Église perfide (pour Hus) ou à un pape ignare (pour Galilée), mais à « certains chrétiens » et « certains théologiens ». L'Église demeure inattaquable et la papauté, omnisciente. Les élans sanctificateurs de Jean-Paul II ont tout de même leurs limites : il n'a pas — encore — canonisé Pie XII, et je ne crois pas qu'il y vienne. Un homme aussi intrépide que lui ne peut pas admirer la pusillanimité de Pie XII. S'il procède malgré tout, ce sera encore une fois parce qu'il se sent obligé d'affirmer l'infaillibilité de son Église face à ceux qui osent lui rappeler ses fautes et ses erreurs.

Jean-Paul a fait plus de saints et de bienheureux que n'importe quel pape — plus d'un par semaine au cours de ses 23 dernières années de pontificat. La quasi-totalité des élus sont des hommes, pour la plupart des ecclésiastiques, assez souvent des Polonais. Les laïques sont représentés par une poignée de catéchistes martyrisés. Ce pape fait tout ce qu'il peut pour refermer la porte que Jean XXIII avait ouverte, dans l'espoir que l'Église redevienne l'affaire des seuls clercs. Pio Nono s'était enfermé dans une forteresse de son invention ; Jean-Paul II est pétrifié dans la triste culture de sa jeunesse comme un insecte dans l'ambre. Son héritage risque de se résumer au profond sentiment d'aliénation dont souffrent tant de catholiques aujourd'hui, comme s'ils ne se sentaient plus chez eux au sein de l'Église.

Jean-Paul II a presque 25 ans de règne derrière lui. Il n'est pas exclu qu'il dure plus longtemps que Léon XIII. Depuis dix ans, on a souvent annoncé sa mort prochaine ; il a survécu non seulement à toutes ces prophéties, mais même à quelques prophètes. N'empêche que la curie baigne dans les intrigues classiques à l'approche d'un conclave. Les conservateurs misent apparemment sur le secrétaire d'État Sodano, mais ce bureaucrate insensible et mesquin est si détesté que ses chances paraissent minces ; ils devraient finir par se rabattre sur un cardinal d'Amérique latine. Jean-Paul a fait là-bas ses nominations les plus réactionnaires pour combattre la théologie de la libération, et le continent compte un nombre impressionnant de voix au sein du collège. Les modérés — on ne trouve plus guère de progressistes — ne savent trop à quel candidat se vouer, car leurs *papabili* favoris meurent les uns après les autres. L'élection d'un Européen de l'Ouest, disons un Italien ou un Allemand, serait une divine surprise, car les quelques libéraux éligibles se recrutent dans cette région (les progressistes d'Asie n'ont aucune chance, leur continent étant sous-représenté). Deux facteurs supplémentaires pèseront dans la balance : le succès médiatique de Jean-Paul II, qui exclut d'avance les obèses, les laiderons et les timides ; et sa longévité. Personne ne veut d'un autre pontificat interminable. Le prochain pape ne sera pas jeune.

Quo vadis ?

Q UICONQUE REMONTE jusqu'aux origines du pontificat romain doit reconnaître qu'il s'agit d'une invention des chrétiens dont le devenir a été façonné principalement par les accidents de l'histoire. La thèse d'un legs du Christ à son Église n'est attestée par aucune source crédible. L'épiscopat aussi est une invention des chrétiens ; or, il est la pierre sur laquelle est bâtie l'institution pontificale (le pape est d'abord l'évêque de Rome). Quant à l'Église… Jésus emploie le mot *ekklesia* exactement deux fois, uniquement dans l'évangile selon Matthieu, aux chapitres (16 et 18) encadrant le récit de la transfiguration. La plupart des biblistes en déduisent tout naturellement qu'il n'a jamais prononcé ce mot-là et que les deux passages ont été composés *a posteriori*. Les premiers chrétiens s'imaginaient sans doute que, si le Messie avait eu l'idée d'une Église, c'est ce qu'il en aurait dit.

Dans le premier passage, le Christ annonce qu'il bâtira son Église sur Simon, surnommé Pierre. Surnom un peu ironique, car cet apôtre ne brille pas par la fermeté de ses convictions. Pierre n'est pas un roc! Dans cette histoire, il représente le disciple ordinaire : dévoué à son maître, mais lent à assimiler son enseignement et facilement effrayé de ses audaces. Si Jésus a vraiment choisi de bâtir son Église — le nouveau peuple de Dieu, le nouvel Israël — sur cet être timoré, c'est sur la faillible et fragile nature humaine qu'il l'a fondée. Nous sommes là aux antipodes de la grandiose basilique Saint-Pierre et de l'arrogante inscription en lettres d'or de sa coupole : ce gigantesque « Tu es Pierre » qui résonne comme l'appel du clairon, roule comme le grondement du tonnerre et balaie le fidèle comme un fétu de paille.

Si les premiers chrétiens ont inventé la fonction épiscopale pour lutter contre des hérésies comme la Gnose, l'Église contemporaine devrait pouvoir s'organiser autrement. Comment distinguer les aménagements légitimes des changements hétérodoxes ? Le pape actuel invoquerait le magistère, c'est-à-dire l'autorité doctrinale dévolue (selon lui) au successeur de Pierre et aux autres évêques, mais dans l'Église préépiscopale, tout ce qui faisait autorité, c'était l'Évangile, la loi de l'Amour explicitée et illustrée par les récits qui ont engendré le Nouveau Testament. Et son interprétation était dévolue à la communauté chrétienne tout entière puisque le Christ avait donné le pouvoir de lier et de délier non seulement à Pierre (Matthieu 16,19) mais aussi à l'Église (Matthieu 18,18). Les chrétiens sont donc libres de décider de l'organisation et de l'évolution de leur Église. Les évêques, y compris le pontife romain, n'ont d'autorité que dans la mesure où ils agissent en leur nom. L'idée est tout, sauf nouvelle. Guillaume d'Occam la défendait déjà au XIVᵉ siècle, et elle allait de soi pour les premiers chrétiens, comme le démontre la promesse de l'opiniâtre évêque Cyprien de Carthage à son clergé : « Je ne ferai rien sans vous consulter et demander l'approbation des fidèles. »

L'Église est condamnée à se réformer sans arrêt pour ne pas se fossiliser. Quand elle essaie de perpétuer des structures, elle cesse d'obéir à la loi de l'Amour pour embrasser celle des institutions, et cela l'amène en général à faire le contraire de ce qu'elle prêche. Tout comme les banques peuvent appauvrir leurs clients, les hôpitaux, infecter leurs patients et les écoles, abrutir leurs élèves, les Églises peuvent corrompre leurs adeptes. L'histoire pontificale fourmille d'exemples gênants de cette perversion. Comme institution, l'Église a eu tendance à calquer le régime politique dominant : de la démocratie, elle a glissé vers l'oligarchie impériale, puis s'est convertie en monarchie absolue.

Jean XXIII voulait la ramener à ses origines démocratiques, à l'époque où l'Esprit soufflait librement et inspirait tous les fidèles, selon la promesse faite par Pierre dans le premier sermon de Pentecôte (Actes des apôtres 2,17-18), promesse inspirée du prophète hébreu Joël :

> Je répandrai de mon Esprit sur toute chair. Alors vos fils et vos filles prophétiseront, vos jeunes gens auront des visions et vos vieillards des songes. Et moi, sur mes serviteurs et sur mes servantes je répandrai de mon Esprit.

Un jésuite perspicace m'a récemment prédit qu'il faudrait à l'Église deux bons siècles pour se remettre du pontificat de Jean-Paul II. S'il témoigne éloquemment de l'insatisfaction des troupes sur la ligne de front, ce jugement me paraît trop pessimiste. L'Église a été la première vraie démocratie de l'histoire. Elle peut redevenir demain cette république de l'Esprit qui reconnaît à tout être humain, homme ou femme, jeune ou vieux, riche ou pauvre, l'« égale noblesse » si magistralement évoquée par Jean XXIII. Dans cette république universelle — c'est-à-dire, ouverte à tous — le pape sera le défenseur du citoyen. Ainsi remplira-t-il enfin la fonction que lui destine, non la théologie ou l'histoire, mais la volonté populaire qui s'est exprimée durant le pontificat de Jean XXIII : celle de père de l'humanité.

Pour Loris Capovilla, toute la vie de Jean se résume dans une phrase de Jésus : « Heureux les miséricordieux, car ils obtiendront miséricorde.» (Matthieu 5,7) Cette miséricorde sublimée dans une foi qui s'abandonne à la Providence, se laisse porter par le Seigneur pour mieux le porter aux autres, c'est exactement l'esprit d'ouverture et de générosité dont peut se réclamer l'Église n'importe quand. Il frémit sous la surface et souffle là où il veut. Il peut ressurgir au prochain conclave, dans les prières du futur pape, dans une rébellion des fidèles contre une mesure qui les exclut de la vie de leur Église (par exemple, la nomination unilatérale des évêques).

Après avoir déchiffré l'inscription affirmant la primauté de Pierre, puisse le visiteur abaisser son regard sur le splendide vitrail illuminant le sanctuaire de la basilique Saint-Pierre. Le Bernin y a représenté la colombe de la Pentecôte répandant le feu de l'Esprit saint dans le temple de Dieu. Sous cette fenêtre, des statues de saints et de martyrs émerveillés entourent le grand autel pontifical ; les plis de leurs tuniques sont gonflés par le souffle divin. Les quatre piliers du baldaquin couronnant l'autel se tordent d'extase sur leur axe. Tout ce mouvement est calculé : le Bernin voulait illustrer l'action de l'Esprit sur l'Église. Comme au jour de la première Pentecôte, il y a 2000 ans, à Jérusalem, puis lors du concile convoqué par Jean au Vatican il y a 40 ans, l'Esprit descendra de nouveau, le temple tremblera sur son socle, et les statues s'animeront.

NOTES ET SOURCES

CE LIVRE EST UN ESSAI biographique, non une biographie. L'histoire complète d'Angelo Giuseppe Roncalli reste à écrire et devra attendre que tous les documents sur sa vie soient tombés dans le domaine public. Je me suis basé sur les sources actuellement accessibles ; elles ont toutes des lacunes. Je voulais avant tout situer mon sujet dans son époque et dans l'histoire de la papauté pour faire bien ressortir sa singularité et la valeur de son exemple pour notre temps. L'histoire du christianisme est si longue et si pleine d'incidents qu'on peut en faire les lectures les plus variées, les plus contradictoires, même, sans sortir des limites du plausible. Tout dépend de l'éclairage qu'on applique aux sources. Mon interprétation ne plaira sans doute pas aux sectaires, catholiques ou non, car j'ai sciemment évité les positions extrêmes. Comme l'histoire de la papauté n'était que la toile de fond de mon essai, je l'ai brossée à grands traits, sans chercher à préserver les myriades de détails qui seraient de rigueur si j'avais voulu traiter ce sujet-là.

Trois livres m'ont été des plus utiles dans l'élaboration de ce condensé d'histoire pontificale : *A Concise History of the Catholic Church* de Thomas Bokenkotter (New York, 1990) ; *Saints and Sinners : A History of the Popes* d'Eamon Duffy (New Haven et Londres, 1997) ; et *Lives of the Popes* de Richard P. McBrien (San Francisco, 1997). Les deux premiers sont parfois plus indulgents que moi ; le dernier est un peu plus sévère. J'ai puisé mes renseignements sur Paul VI dans l'admirable biographie de Peter Hebblethwaite (*Paul VI*, New York et Londres, 1993). Le tableau des jeunes années de Jean-Paul II se fonde sur les recherches effectuées par Marco Politi pour le livre *His Holiness* (New York, 1996) écrit avec Carl Bernstein.

Le portrait de mon sujet repose sur la biographie de Peter Hebblethwaite, *Pope John XXIII* (Garden City, 1985), qui demeure à ce jour la source la plus riche d'information générale. J'ai lu, bien sûr, le journal spirituel de Jean XXIII (*Journal of a Soul*, Londres et New York, 1965), les extraits de son journal choisis et publiés par Loris Capovilla, ainsi que les souvenirs et récits publiés par monseigneur Capovilla au cours des quatre dernières décennies. Son *Ite Missa Est di Papa Giovanni* (Padoue, 1983), qui relate entre autres

les dernières heures de Jean XXIII, m'a été particulièrement utile. Je me suis permis de modifier les traductions
anglaises des textes italiens et latins ; un certain nombre de
citations sont des traductions de mon cru. J'ai également
interviewé monseigneur Capovilla à Ca'Maitino et divers
témoins de la vie de Roncalli qui n'ont pas voulu être iden-
tifiés. Le cardinal Casaroli m'a communiqué les instruc-
tions qu'il avait reçues de Jean XXIII avant sa tournée en
Europe de l'Est lors d'une entrevue au palais pontifical en
1992. Un livre d'Alberto Melloni sur la mission de Roncalli
à Istanbul — *Fra Istanbul, Atene e la Guerre : La missione di
A.G. Roncalli* (Gênes, 1992) — m'a procuré plus d'informa-
tions que je n'en pouvais utiliser ; il donne le ton pour la
biographie définitive.

J'ai eu à résoudre un délicat problème d'orthographe à
propos du mot « Église ». Au départ, je voulais limiter l'emploi de la majuscule à la congrégation universelle et à ses
grandes composantes (l'Église d'Orient, par exemple). Cela
s'est avéré impossible, si bien que j'ai fini par mettre la
majuscule partout, sauf quand le terme désigne un bâti-
ment. Si le lecteur en déduit que l'Église est présente dans
sa totalité partout où elle se manifeste, il fera plaisir à Yves
Congar, le grand théologien de Vatican II, et, *uti mihi
videtur*, au bon pape Jean lui-même.

REMERCIEMENTS

En tête de liste figure l'archevêque Loris Francesco Capovilla : ses souvenirs aussi précis que poignants (et les rectifications apportées aux récits d'autres témoins) constituent des perles de grand prix. Je ne saurais remercier assez Marco Roncalli, arrière-petit-neveu du pape, pour sa générosité. Je dois beaucoup à mon recherchiste, Paul Lipkowitz, et à tous ceux qui ont lu mon manuscrit : ma femme Susan Cahill, Thomas Bokenkotter, John E. Becker, Paul Dinter, Mario Marazziti, Marco Politi, Richard Somerset-Ward, Nan A. Talese, David S. Toolan et Robert J. White, ainsi que Nancy Allen, Andrea Ginsky et Diane Marcus. Chacun de ces lecteurs m'a signalé une série d'erreurs qui m'auraient échappé autrement. Bien entendu, j'assume l'entière responsabilité de celles qui n'ont pas été corrigées.

TABLE DES MATIÈRES

Transcontinental
IMPRESSION
IMPRIMERIE GAGNÉ